Ebi Naumann

Das Geheimnis hinter den Geschichten

20 Porträts beliebter Kinderbuchautorinnen und -autoren

Mit Illustrationen von Katrin Engelking

WOOW BOOKS

Dieses Buch wurde auf FSC-zertifiziertem Papier gedruckt.

1. Auflage 2022

Originalausgabe

Herausgegeben von Neele Bösche
Satz: Sabine Conrad, Bad Nauheim
Druck und Bindung: Grafisches Centrum Cuno GmbH & Co. KG, Calbe
ISBN 978-3-96177-075-5
www.woow-books.de

Inhalt

In diesem Buch kommen wir dem Geheimnis folgender Autorinnen und Autoren auf die Spur:

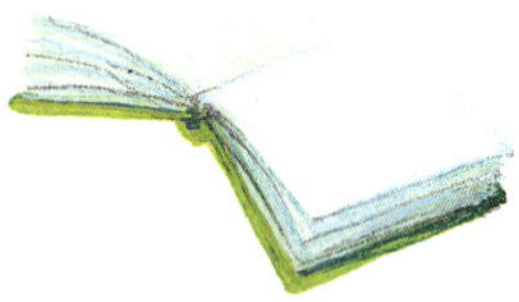

Statt eines Vorworts: Nelios Fragen

»Nur wer erwachsen wird und Kind bleibt, ist ein Mensch!«

ERICH KÄSTNER

Was soll ich groß drum herumreden. Eigentlich hatte ich mich nur an meinen Schreibtisch gesetzt, um darüber nachzudenken, was für ein Buch ich als nächstes schreiben sollte. Doch als ich so in mich hineinhorchte, fiel mein Blick zufällig durchs Fenster, gerade noch rechtzeitig, um mitzukriegen, wie ein Schatten durch meinen Vorgarten huschte. Und weil meine Klingel sich, seitdem ich sie repariert habe, immer so anhört, als wollte jemand ihr die Luft abdrehen, sprang ich auf, um die Haustür zu öffnen, bevor der Schatten genügend Zeit hatte, auf den Klingelknopf zu drücken.

Vor mir stand ein etwa zehnjähriger Junge. Er sah mir freundlich in die Augen und sagte: »Guten Tag. Ich heiße Nelio und hab mal eine Frage.« Und als ich ihn verwundert anschaute, fügte er noch hinzu: »Es geht um Bücher.«

Da es in unserer Gegend kein Geheimnis ist, dass ich etwas mit Büchern zu tun habe, nickte ich nur kurz mit dem Kopf, bat den Jungen herein und führte ihn in mein Arbeitszimmer.

Im Büro von Steuerberatern stapeln sich die Akten ihrer Kunden, in einer Tischlerwerkstatt Holzleisten, Bretter und Platten und im Kontrollturm eines Flughafens die neuesten Computer, Funk- und Radargeräte. Das ist in meinem

Arbeitszimmer nicht anders, bloß dass es nicht Akten sind, die sich dort häufen, nicht Bretter oder Radargeräte, sondern Bücher. Kinderbücher.

Die Kinder, die bei mir vorbeikommen, fragen meistens, ob sie sich eins davon ausleihen dürfen. Oder zwei. Und manchmal auch einen ganzen Stapel. Darum führte ich Nelio vor eines der vollgestopften Regale, sagte: »Da, bitte. Bedien dich«, und setzte mich wieder an meinen Schreibtisch.

Eine Weile war nur das leicht schabende Geräusch zu vernehmen, das entsteht, wenn jemand einzelne Bücher aus einem etwas zu prall gefüllten Regal zieht. Doch dann hörte ich Nelio sagen: »Kann ich jetzt vielleicht meine Frage stellen?«

Erstaunt löste ich meinen Blick von der Decke, setzte meine Brille auf und guckte mir den Jungen etwas genauer an. Eigentlich sah er nicht anders aus als die meisten Zehnjährigen, die ich kenne. Er trug weder eine Harry-Potter-Brille noch eine knallrote Krawatte, keinen schlecht sitzenden Anzug oder sonst etwas, das darauf schließen ließ, dass mir kein ganz normaler Junge gegenüberstand, sondern ein angehender Literaturprofessor. Also nickte ich Nelio aufmunternd zu. »Na, dann mal los!«

»Sind Geschichten eigentlich nur dann wirklich wahr, wenn die Autorinnen und Autoren sie auch selbst erlebt haben?«

»Nun ja«, antwortete ich und schaute auf den kleinen Bücherturm, den er aus dem Regal gezogen und vor sich auf dem Boden abgestellt hatte. »*Wirklich wahr*, das ist so eine Sache. Und *selbst erlebt* auch. Aber jemand sollte die Dinge, über die er schreibt, zumindest kennen und gesehen haben. Das meinte wenigstens der Oberkellner Nietenführ, als Erich Kästner, der nicht gern zu Hause arbeitete oder im Büro, wieder mal bei ihm im Berliner Café *Josty* saß. Erich Kästner wollte einen Roman über die Südsee schreiben und kam nicht weiter, weil er nicht wusste, ob ein Walfisch Beine hat, und wenn ja, wie viele.

Wenn er nicht wüsste, worüber er schreibt, erklärte Herr Nietenführ, könnte es dem Herrn Kästner so gehen wie der Magd, die auf dem Markt eine Gans kauft und diese in den Ofen schiebt, ohne zu wissen, dass man sie vorher aufschneiden und ausnehmen muss. Und das ergäbe dann keinen prachtvollen Sonntagsbraten, sondern einen noch prachtvolleren Gestank.

Nun war Erich Kästner zwar davon überzeugt, einen Roman könnte man nicht so ohne Weiteres mit einem Gänsebraten vergleichen – an Herrn Nietenführs Ratschlag gehalten hat er sich trotzdem. Hat sich mir nichts, dir nichts von der Südsee verabschiedet und stattdessen dieses Buch geschrieben.«

Dabei zeigte ich mit dem Finger auf *Emil und die Detektive*, das Buch, das ganz oben auf Nelios Stapel lag.

»Dort kannst du alles, was ich dir gerade erzählt habe, nachlesen. Das heißt allerdings nicht, dass der echte Erich Kästner, derjenige also, der diesen Roman geschrieben hat, die Geschichte von Emil, Gustav und Co. in seiner Kindheit auch tatsächlich genau so erlebt hat.«

»Und wie krieg ich raus, was er als Kind wirklich erlebt hat?«

»Bei Erich Kästner ist das gar nicht so schwierig, der hat in einem seiner späteren Bücher einiges aus seiner Kindheit erzählt«, sagte ich, während ich mich auf die Zehenspitzen stellte und *Als ich ein kleiner Junge war* aus dem Regal beförderte. »Das hat er zwar erst geschrieben, als er schon fast sechzig war, aber immerhin. ›Andere Leute legen ihre Kindheit ab wie einen alten Hut‹, hat er mal gesagt, ›oder sie vergessen sie, wie eine Telefonnummer, die nicht mehr gilt.‹ Und bloß die wenigsten Autorinnen und Autoren haben die Erlebnisse ihrer Kindheit in so einem Buch beschrieben.« Und damit drückte ich es Nelio in die Hand.

Der legte seine Stirn in Falten, deutete auf das Regal und fragte: »Gibt es denn kein Buch, das das Geheimnis hinter den Geschichten lüftet? In dem man über *alle*, die diese Bücher geschrieben haben, etwas mehr erfahren kann? Wie sie auf die Ideen zu ihren Geschichten gekommen sind, zum Beispiel. Und ob sie sich dabei vielleicht an ihre eigene Kindheit erinnert haben? Was sie damals erlebt, gedacht und gelesen haben? Und warum sie eigentlich angefangen haben zu schreiben?«

»Für *eine* Frage waren das jetzt aber eine ganze Menge«, sagte ich, während ich meinen Blick über die vielen Buchrücken gleiten ließ, die sich in meinem Regal aneinanderpressen. »Die Antwort fällt leider sehr viel kürzer aus: Nein.«

»Und warum nicht?«

»Na ja«, sagte ich und suchte nach einer Antwort. »Das liegt wohl einfach daran … Ich meine … Das heißt … Es hat sich anscheinend noch niemand die Mühe gemacht, ein solches Buch zu schreiben.«

»Und warum schreibst *du* es dann nicht?«

Jetzt war ich es, der seine Stirn in Falten legte. Doch sosehr ich auch nachdachte, es fiel mir kein vernünftiger Grund ein. Also hob ich die Bücher, die Nelio sich zurechtgelegt hatte, vom Boden auf und reichte sie ihm rüber.

»Komm in einer Woche zur gleichen Zeit wieder, dann lese ich dir das erste Kapitel vor, das über Erich Kästner.«

Daraufhin schob ich ihn sanft in Richtung Tür, setzte mich an meinen Schreibtisch, freute mich, dass ich endlich wusste, welches Buch ich als nächstes schreiben würde, und fing an.

Und tatsächlich – als Nelio eine Woche später wieder vor der Tür stand, pünktlich auf die Minute, konnte ich ihm das versprochene Kapitel vorlesen. Und so haben wir beide dann weitergemacht: schreiben, vorlesen, schreiben, vorlesen, schreiben … So lange, bis alle zwanzig Autorinnen und Autoren, die Nelio und ich ausgesucht hatten, beisammen waren.

Dabei geholfen hat mir übrigens ein bekannter Sinnspruch von Erich Kästner. Aus diesem Grund habe ich ihn auch gleich dem folgenden, ihm gewidmeten Kapitel als Überschrift vorangestellt …

»Es gibt nichts Gutes, außer: Man tut es.«

ERICH KÄSTNER

In seinem Buch *Als ich ein kleiner Junge war* erzählt Erich Kästner einiges aus seiner Kindheit, aber nicht alles. »Sonst würde es«, so schreibt er im Vorwort, »eines der dicken Bücher, die ich nicht mag, schwer wie ein Ziegelstein, und mein Schreibtisch ist ja schließlich keine Ziegelei.«

Auch dieses Buch soll kein Ziegelstein werden, obwohl neben den Geheimnissen von Erich Kästner noch die von neunzehn anderen Autorinnen und Autoren in ihm Platz finden müssen. Deshalb bleibt mir wohl nichts anderes übrig, als das herauszupicken, was ich am interessantesten finde. Anders als beim Kuchen sind das aber nicht nur die Rosinen. Schließlich besteht das Leben nicht bloß aus Sonnentagen, und nicht alles läuft und gelingt einem immer so, wie man es sich wünscht. Das ist bei den Autorinnen und Autoren, die hier versammelt sind, nicht anders als bei euch – da können ihre Bücher so berühmt und toll sein, wie sie wollen.

Erich Kästner wurde am 23. Februar 1899 in Dresden geboren. Das ist jetzt weit über hundert Jahre her. Immerhin gab es auch damals schon Straßenbahnen, die auf Schienen liefen. Nur wurden die Wagen noch von Pferden gezogen. In den Stuben verbreiteten Kerzen und blakende Petroleumlampen ihr mattes Licht, und Polizisten trugen Helme mit einer Spitze obendrauf, sogenannte Pickelhauben.

Doch wie es im Inneren von Kindern aussieht – mal ernst, mal heiter, mal traurig, mal froh –, was ihr empfindet, wenn jemand euch ungerecht behandelt, was für Ängste ihr habt und wie viel Freude es macht, gemeinsam echte Abenteuer zu bestehen, das hat der kleine Erich nicht anders erlebt als ihr. Und weil sich das alles in den Romanen wiederfindet, die er später geschrieben hat, sind die auch heute noch so spannend. *Pünktchen und Anton* zum Beispiel, *Das doppelte Lottchen* oder *Emil und die Detektive.* Und wenn man ganz genau hinschaut, haben darin sogar ein paar echte Geschehnisse aus Erich Kästners Kindheit ihren Abdruck hinterlassen.

Zugegeben – die Wege, die echte Geschehnisse nehmen, bevor sie in Romanen landen, sind manchmal sehr verzwickt. In *Emil und die Detektive* stiehlt der fiese Herr Grundeis Emil während der Bahnfahrt hundertvierzig Mark aus der Jackentasche. Zum Glück entdeckt Emil ihn aber auf dem überfüllten Bahnsteig des Berliner Bahnhofs Zoologischer Garten, verfolgt ihn durch die halbe Stadt und bekommt am Ende sein Geld zurück. In Kästners wirklichem Leben hat sich etwas Ähnliches ereignet. Ein älteres Fräulein (so nannte man damals unverheiratete Frauen) hatte Erich Kästners Mutter zwar kein Geld aus der Tasche geklaut, aber sie hatte sie angeschwindelt und so um ihren Verdienst gebracht. Und als der kleine Erich daraufhin versuchte, das Fräulein zu finden, erfuhr er, was es heißt, Detektiv zu spielen und sich jemandem, der einem Unrecht zugefügt hat, an die Fersen zu heften.

Dem »An-die-Fersen-Heften« war er allerdings schon vorher begegnet. Da war ihm nämlich seine Mutter klammheimlich hinterhergeschlichen. Aber nicht, weil er etwas geklaut oder sie etwa angeschwindelt hatte. So etwas hätte er nie getan. Sie wollte nur sichergehen, dass ihrem Erich, als er zum ersten Mal allein zur Schule lief, auf dem Weg auch nichts passierte.

Überhaupt – Erich und seine Mutter! Er war ihr absolutes Ein und Alles. Für ihn war sie bereit, auf alles zu verzichten. Darum bemühte Erich sich seine ganze Kindheit und Jugend hindurch, immer der beste Schüler und der bravste Sohn zu sein, um die Erwartungen seiner Mutter nicht zu enttäuschen. Auch das findet sich in seinen Büchern wieder. Denn so unterschiedlich die Hauptfiguren in Erich Kästners Romanen sind – für ihre Mütter legen sie sich alle ins Zeug:

Martin im *Fliegenden Klassenzimmer*, Anton in *Pünktchen und Anton* und Emil sowieso.

Apropos *Emil und die Detektive* – diesen Roman für Kinder hätte Erich Kästner wohl nie geschrieben, hätte seine Verlegerin ihn nicht dazu überredet. Er arbeitete damals sehr erfolgreich als Journalist und war noch gar kein Autor. Aber die Verlegerin fand die damaligen Kinderbücher furchtbar und war davon überzeugt, dass er das auf jeden Fall besser machen würde.

Übrigens 1: Zu Erich Kästner und auch zu den anderen Autorinnen und Autoren ist mir beim Schreiben immer mal wieder etwas eingefallen, das nicht ganz in den von Nelio und mir gesetzten Rahmen passt: eine

Anmerkung, irgendeine Anekdote oder einfach ein Gedanke, den ich mit euch teilen wollte.
Als ich noch darüber nachdachte, ob das ein Problem sein könnte, und wenn ja, wie ich es lösen sollte, kam mir zum Glück Erich Kästner selbst zu Hilfe. Im Vorwort zu seinem Roman *Pünktchen und Anton* beschreibt er nämlich, wie er mit solchen Sachen – er nennt sie dort »Nachdenkereien« – umgehen würde: Er wollte sie einfach schräg drucken lassen. Dann könnten nämlich all jene, die Angst haben, »ihr kleines, niedliches Gehirn könnte Falten kriegen«, es überspringen, so als hätte er es nie geschrieben. Und weil man nicht alles neu erfinden muss, will ich es in diesem Buch genauso machen. Bloß, dass das schräg Gedruckte durch **Übrigens 1**, **2** und **3** gekennzeichnet wird. So wie hier. Außerdem verspreche ich hoch und heilig, dass auf den folgenden Seiten niemand von euch Angst um seine Gehirnwindungen haben muss. Auch dann nicht, wenn ihr das schräg Gedruckte lest.

Übrigens 2: Natürlich könnt ihr die Bücher von Erich Kästner nicht alle kennen. Ebenso wenig wie die Bücher all der anderen Autorinnen und Autoren, die hier versammelt sind. Mir jedoch bleibt auf der Suche nach dem Geheimnis hinter den Geschichten nichts anderes übrig, als sie immer mal wieder zu erwähnen.
Da ich ihren Inhalt nun aber nicht jedes Mal erzählen kann (die Sache mit dem Ziegelstein!), ist das einzige Problem, das auf euch zukommen könnte, euch diese Bücher so schnell wie möglich in der nächsten Bücherei auszuleihen. Oder sie euch zum Geburtstag zu wünschen. Oder zu Weihnachten. Und das ist ja eigentlich kein Problem, sondern eher etwas, auf das ihr euch freuen könnt!

Übrigens 3: Erich Kästner hat in seinem Leben nicht bloß Romane für Kinder geschrieben, sondern auch welche für Erwachsene. Und Gedichte. Lange und kurze. Und ganz kurze. Dieses hier zum Beispiel:

»Ob Sonnenschein, ob Sterngefunkel:
Im Tunnel bleibt es immer dunkel.«

Ganz unabhängig von dem, was Erich Kästner selbst erlebt hat – in seinen Büchern stand immer die Wahrheit. Daran ändert auch die Tatsache nichts, dass man zum Beispiel ein Städtchen namens Pichelstein samt seinen kleinen Bewohnern vergeblich auf der Landkarte suchen wird. Pichelstein ist ein Ort in Erich Kästners letzten beiden Kinderromanen *Der kleine Mann* und *Der kleine Mann und die kleine Miss*. Keiner ist dort größer als 51 Zentimeter, und Mäxchen, der Kleine Mann, ist sogar so klein, dass er nachts in einer halb geöffneten Streichholzschachtel schläft. Doch auch wenn wir leider nicht in echt nach Pichelstein reisen können, so hat dieser erstaunliche Ort schon längst in einem anderen Teil unserer Wirklichkeit seinen festen Platz eingenommen: in der Welt der Literatur. Dass die beiden Kinderbücher über den Kleinen Mann überhaupt existieren, haben wir Erich Kästners Sohn Thomas zu verdanken. Für ihn hat sich Erich Kästner die Geschichten nämlich ausgedacht. Als Gutenachtgeschichten.

Erich Kästner schrieb aber nicht nur sehr fantasievoll, er beherrschte auch die Kunst, Fantasie und scharfsinnige Kritik an der damaligen Gesellschaft miteinander zu verweben. Und zwar so meisterhaft, dass er den Nationalsozialisten, die am 30. Januar 1933 in Deutschland an die Macht gekommen waren, schon bald ein Dorn im Auge war. Schließlich fanden sie seine Bücher so gefährlich, dass sie sie öffentlich verbrennen ließen.

Erich Kästner hat sich das sogar mit eigenen Augen angesehen. Trotzdem entschloss er sich dazu, nicht aus dem Land zu fliehen, sondern dazubleiben. Nun erst recht, sozusagen. Zum einen wollte er seine Mutter nicht allein zurücklassen. Zum anderen ging es ihm darum, das Elend, das die Politiker damals anrichteten, ganz genau zu beobachten und zu beschreiben, damit die nachfolgenden Generationen nie wieder auf solche Verbrecher reinfallen sollten.

Und die »nachfolgenden Generationen«, das seid ihr! Heute stehen Erich Kästners Bücher – auch die für Erwachsene – zum Glück in jeder Bibliothek. Dort können sie es kaum erwarten, von euch gelesen zu werden.

»Am liebsten wäre ich ein kleines, einsames Tier im Wald.«

ASTRID LINDGREN

Am Anfang ihrer Karriere hat Astrid Lindgren einmal gesagt: »Ich bin ein ganz, ganz klein wenig ziemlich ›berühmt‹. Aber darüber mag ich nicht schreiben.« Umso mehr haben das später andere für sie übernommen. Über Astrid Lindgren und ihr Leben wurden mehr Bücher veröffentlicht als über fast alle anderen Autoren und Autorinnen, von denen ich euch hier erzähle.

Das liegt wahrscheinlich daran, dass sie nicht bloß *Pippi Langstrumpf* geschrieben hat, einen der berühmtesten Kinderromane aller Zeiten, sondern auch noch über hundert weitere Geschichten. Und dass diese Geschichten von unendlich vielen Kindern auf der ganzen Welt verschlungen werden. Außerdem hat Astrid Lindgren fast alle Preise gewonnen, die man mit Kinderbüchern überhaupt gewinnen kann. Einer der wichtigsten ist nach ihrem Tod im Jahr 2002 sogar nach ihr benannt worden – der *Astrid-Lindgren-Gedächtnis-Preis.*

Geboren wurde Astrid fünfundneunzig Jahre zuvor, am 14. November 1907. Aber nicht in Bullerbü, wie manche von euch vielleicht glauben, sondern auf Näs, einem Hof nicht weit entfernt von der schwedischen Kleinstadt Vimmerby. Dort hat sie ihre Kindheit verbracht, im Kreis ihrer großen Familie. Zusammen mit den Mägden und Knechten, die auf dem Hof arbeiteten, und deren Kindern.

Das Leben auf Näs verlief fast so wie das Leben in Bullerbü. Für alle, die die *Bullerbü*-Bücher gelesen haben, ist es deshalb sicher keine Überraschung, dass die kleine Astrid schon ganz früh gelernt hat, auf Bäume zu klettern. Am liebsten auf den Eulenbaum von Näs. Der wurde so genannt, weil sich in seiner Krone tatsächlich ein Eulenpaar sein Nest gebaut hatte. Falls Astrid dort oben wirklich einmal ein Hühnerei gefunden haben sollte, so wie die Kinder aus Bullerbü, dann nur, weil Astrids Bruder es gegen eins der Euleneier ausgetauscht hatte. Astrid ist noch bis ins hohe Alter auf Bäume geklettert. Und wenn sich jemand daran störte, meinte sie: »Es steht nicht in Moses' Gesetzen, dass alte Frauen nicht auf Bäume klettern dürfen.«

Aber das Leben auf Näs, all das, was die Kinder dort erlebten, findet sich nicht bloß in den *Bullerbü*-Büchern wieder. Auch Pippi Langstrumpfs Spiel *Nicht den Fußboden berühren* hat seinen Ursprung auf diesem Hof. Denn wenn Astrid und ihre Geschwister nicht draußen spielen konnten, tobten sie ganz genau so über die Möbel des großen Schlafzimmers wie Pippi in dem ihr gewidmeten Buch. Im Wohnzimmer war das Spielen nämlich verboten, nur im Schlafzimmer störte es die Eltern nicht.

Überhaupt ließen die Eltern Astrid und ihren Geschwistern Gunnar, Stina und Ingegeerd sehr viel Raum. Und doch – immer dann, wenn die Kinder sie brauchten, waren die Eltern für sie da. Diese Freiheit und die große Liebe der Eltern – sowohl gegenüber den Kindern als auch zueinander – findet sich nicht nur in Astrid Lindgrens Büchern wieder. Sie prägte ihr gesamtes Leben.

Ebenso wie Edit, die Tochter eines Kuhknechts, der auf Näs arbeitete. Denn in der kleinen Küche ihrer Eltern las Edith der etwas jüngeren Astrid die ersten Märchen vor. Das versetzte Astrids Seele »in Schwingungen«. Und die haben sicher mit dazu beigetragen, dass sie später neben ihren zum Teil märchenhaften Geschichten sogar ein paar richtige Märchen geschrieben hat.

Dazu kam, dass in Näs fast jeden Tag Landstreicher anklopften, die kein eigenes Zuhause hatten. Sie durften im Stall übernachten und erzählten den Kindern vor dem Einschlafen spannende Geschichten. Deshalb ist es auch kein

Wunder, dass es der erwachsenen Astrid nicht schwergefallen ist, später Bücher wie *Rasmus und der Landstreicher* zu schreiben. Sogar in *Pippi Langstrumpf* tauchen schon zwei Landstreicher auf. Die beiden haben es auf Pippis Goldkoffer abgesehen, aber das Mädchen bringt es fertig, dass der eine von ihnen stattdessen auf dem Kamm bläst und der andere so lange mit ihr tanzt, bis ihm die Beine wehtun.

So brav, wie die kleine Astrid auf diesem Bild aussieht, war sie in Wirklichkeit nur sehr selten.

Astrid Lindgren war als Kind ähnlich quirlig wie ihre Pippi Langstrumpf. Und als sie in die Schule kam, erregte sie die Bewunderung ihrer Mitschülerinnen weniger durch ihre guten Aufsätze, für die sie immer die besten Noten bekam. Stattdessen beeindruckte sie diese vor allem durch die Waghalsigkeit, mit der sie an den Heizungs- und Wasserrohren der Turnhalle hinaufkletterte. Das lange Stillsitzen auf der Schulbank dagegen bereitete ihr ziemliche Schwierigkeiten. Das änderte sich erst, als plötzlich das Lesen zu ihrer Lieblingsbeschäftigung wurde. Später erzählte Astrid Lindgren: »Das grenzenloseste aller Abenteuer der Kindheit, das war das Leseabenteuer. Für mich begann es, als ich zum ersten Mal ein eigenes Buch bekam und mich da hineinschnupperte. (…) Ein besseres Geschenk hat das Leben mir nicht beschert.«

Auch Trost hat Astrid Lindgren in Büchern immer gesucht und gefunden. Vor allem, als ihre Kindheit sich langsam verabschiedete und den ersten Problemen und Kümmernissen des Erwachsenwerdens Platz machte. So war sie zum Beispiel eine Zeit lang fest davon überzeugt, sie sei dermaßen hässlich, dass niemand sich jemals in sie verlieben könnte. Da las sie alles, was sie in die Finger bekam, um ihren Kummer zu vergessen. Und das hat sie in ihrem ganzen Leben beibehalten.

Unabhängigkeit und Freiheit waren Astrid Lindgren ebenfalls ihr Leben lang wichtig. Damit verband sie, dass man nicht unbedingt alles so machen muss wie andere Menschen. Dementsprechend hielt sie sich bei der Auswahl ihrer Bücher schon in den ersten Schuljahren nicht an die damals üblichen Empfehlungen für junge Mädchen. Stattdessen las sie sich quer durch die gesamte Bibliothek. Von *Tom Sawyer* und *Huckleberry Finn* über *Die Schatzinsel*, *Das Dschungelbuch* und die klassischen Sagen bis zu den Abenteuerbüchern von Jules Verne.

Astrid liebte als Kind Abenteuer – nicht nur in Büchern, sondern überhaupt. Sie war ein lebensfrohes junges Mädchen und blieb, auch als sie älter wurde, immer ein bisschen wild und mutig. Zum Beispiel war sie das erste Mädchen in Vimmerby, das sich die Haare kurz schneiden ließ. Darum ist es auch kein Wunder, dass es in ihrem ersten und bekanntesten Buch um genau so ein mutiges und wildes Mädchen geht wie Pippi.

Übrigens 1: Den Namen Pippi Langstrumpf kennt seit Generationen so gut wie jedes Kind auf der Welt. Dabei haben wir ihn gar nicht Astrid Lindgren zu verdanken, sondern ihrer Tochter Karin. Als diese nämlich einmal krank im Bett lag, bat sie ihre Mutter, ihr eine Geschichte zu erzählen. Und auf Astrids Frage, wer in dieser Geschichte vorkommen sollte, antwortete sie wie aus der Pistole geschossen: »Pippi Langstrumpf.«

Übrigens 2: Astrid Lindgrens Kinderbuchfigur Michel aus Lönneberga ist erst fünfunddreißig Jahre später auf der Bildfläche erschienen als Erich Kästners Emil und seine Detektive. Trotzdem haben es die beiden miteinander zu tun gekriegt. Woran das liegt? Vor allem daran, dass Kinderbücher zwar älter werden können (das älteste in meinem Bücherschrank hat schon fast dreihundertfünfzig Jahre auf dem leicht zerfledderten Buckel), die darin vorkommenden Figuren jedoch nicht. Die bleiben immer so alt, wie die Autoren und Autorinnen sie in ihre Geschichten geschrieben haben.
Astrid Lindgren hatte ihren Michel aus Lönneberga ursprünglich auch Emil genannt. Doch als der 1964 von Schweden nach Deutschland kam, musste er feststellen, dass es hier bereits seit Langem einen sehr bekannten Emil gab. Wenn man in einer Buchhandlung sagte: »Ich hätte gern das Buch von Emil«, wurde einem deshalb sofort Erich Kästners Detektivroman in die Hand gedrückt. Damit das nicht passierte, haben der Übersetzer von Astrid Lindgrens Buch und der deutsche Verleger sich damals zusammengesetzt, ihre Köpfe rauchen lassen und beschlossen, den schwedischen Emil hier bei uns Michel zu nennen. Und weil der dann

fast genauso berühmt geworden ist wie der Emil aus Neustadt, könnt ihr jetzt auch kein Buch mehr über einen Michel schreiben, sondern müsst euch einen anderen Namen ausdenken.

Übrigens 3: In den Büchern von Astrid Lindgren kommen unendlich viele Figuren vor: Kinder, Erwachsene und Tiere. Und trotzdem, wenn Astrid Lindgren nach ihren Kindheitserinnerungen befragt wurde, galt ihr erster Gedanke nicht den Menschen, sondern der Natur. In einem Interview hat sie sogar einmal gesagt: »Am liebsten wäre ich ein kleines, einsames Tier im Wald.«
Dabei kümmerte sich Astrid Lindgren, je älter sie wurde, immer mehr um die Menschen. Ganz besonders die Kinder lagen ihr am Herzen. »Ich will für einen Kreis schreiben, der Wunder bewirken kann. Nur Kinder können beim Lesen Wunder bewirken.« Diese Wahrheit ist sicher eins der größten Geheimnisse, die hinter fast jeder ihrer Geschichten steht. Und damit euch die Fantasie, Kraft und Lust nicht verloren geht, die man braucht, um Wunder wahr werden zu lassen, war es Astrid Lindgren ganz besonders wichtig, dass Kindern keine Gewalt mehr angetan werden darf. Dafür hat sie sich so sehr eingesetzt, dass in ihrem Heimatland Schweden 1979 sogar ein Gesetz erlassen wurde, das Gewalt gegen Kinder endgültig verbietet und unter Strafe stellt. Wie wichtig das ist, werden wir später noch sehen, denn auch einige der hier vertretenen Autoren haben unter der Gewalt ihrer Väter gelitten.

Es gibt viele Gründe, Astrid Lindgrens Bücher aus dem Regal zu ziehen. Aber den Hauptgrund, warum ihre Geschichten auf der ganzen Welt gelesen werden, hat sie einmal selbst genannt: »Wie muss ein gutes Kinderbuch sein? Falls du mich fragst, so könnte ich dir nach reiflicher Überlegung nur antworten: Es muss gut sein.«

Und so unterschiedlich die Bücher von Astrid Lindgren auch sind: Gut sind sie alle!

»Ich und du – der Bär heißt Pu.«

A. A. MILNE

Alan Alexander Milne wurde am 18. Januar 1882 geboren. Und sein Sohn Christopher Robin Milne fast vierzig Jahre später, am 21. August 1920.

Während ihr euch jetzt vielleicht am Kopf kratzt und fragt, warum hier statt des Geburtsdatums des Autors auch das von seinem Sohn steht, nenne ich euch sogar schnell noch ein drittes Datum: den 14. Oktober 1926.

An diesem Tag wurde nämlich *Pu der Bär* veröffentlicht – das erste der beiden Bücher über den Honig liebenden Bären von sehr geringem Verstand. Und diese Bücher wären nie erschienen, hätte es neben A. A. Milne, dessen Name, wie es sich gehört, als Autor auf den Buchdeckeln steht, nicht auch dessen Sohn Christopher Robin gegeben. Sowie dessen geliebten Teddybären Pu. Und weil A. A. Milne, anders als Astrid Lindgren, nicht gleich fast hundert Romane für Kinder geschrieben hat, sondern nur diese beiden, bleibt mir gar nichts anderes übrig, als Christopher Robin und Pu mit in dieses Kapitel hineinzubitten. Aber eins nach dem anderen und alles schön der Reihe nach.

»Es war einmal ein Mann, der hatte drei Söhne«, so märchenhaft lässt A. A. Milne seine eigene Lebensgeschichte beginnen. Doch bereits im nächsten Satz beklagt er sich darüber, dass er von diesen Söhnen nur der dritte war. Hinter dem ältesten Bruder Barry und seinem lebenslangen Lieblingsbruder Ken.

John Vine Milne, der Vater der drei Jungen, war der Gründer und Direktor von einer der vielen kleinen Privatschulen, die es im damaligen England überall gab. Dort – inmitten von einem guten Dutzend Schülern zwischen sechs und sechzehn Jahren – wuchs der kleine Alan Alexander auf. Er konnte schon im Alter von zweieinhalb lesen, zur großen Freude seines Vaters. A. A. Milne erklärte sich dieses Geheimnis später damit, dass es an der Schule seines Vaters einfach ganz natürlich war, klug zu sein. Nicht zuletzt, weil John Milne nichts Schöneres kannte, als Zeit mit seinen Schülern zu verbringen. Und weil er dabei immer gerecht, liebevoll und weise war. Für den jungen Alan Alexander, seine Brüder und die anderen Schüler entsprach er ganz und gar ihrer damaligen Vorstellung von Gott: »Bis auf den Humor. Den konnte Gott nicht haben, da waren wir uns ganz sicher.«

Alan Alexander und sein Bruder Ken waren so gut wie unzertrennlich. Zwar gerieten sie oft aneinander, doch stand dabei nie in Zweifel, wie sehr sie sich gegenseitig brauchten. Abgesehen von ihrer unterschiedlichen Ansicht über Käse, den Ken im Gegensatz zu seinem jüngeren Bruder verabscheute, teilten sie alles: ihre Vorstellungen, ihr Wissen, ihren Ehrgeiz, ihre Hoffnungen und ihre Ängste. Ihre Lieblingsmahlzeit war das Frühstück, und wenn sie morgens aufwachten, fragten sie sich sofort, was heute Aufregendes passieren würde. Genau wie später auch Pu und Ferkel in A. A. Milnes Geschichte vom Heffalump, bevor sie sich aufmachen, ihm eine Falle zu bauen. Bereits von klein auf streiften die beiden Brüder allein durch die Gegend. Deshalb hatten sie ihre ersten gemeinsamen Abenteuer meist schon hinter sich, wenn sie nach einer Portion *Ham and Eggs* (Schinken, Spiegeleier und Toast) pünktlich in der Schule saßen.

Diesem Frühstück bewahrten Alan Alexander und Ken Milne ebenso die Treue wie Pu seinen Honigtöpfen. Auch dann noch, als sie die Schulbank längst gegen die Universität eingetauscht hatten. Zu dieser Zeit begannen die Brüder – immer noch gemeinsam – ihre ersten Artikel für die Studentenzeitschrift zu schreiben. Dadurch wurde das bekannte Satiremagazin *Punch* auf die beiden aufmerksam, denn die Artikel waren sehr gut. Eine Anstellung als Mitarbeiter bekam jedoch nur Alan Alexander Milne angeboten.

Bis zur Geburt seines Sohnes Christopher Robin hatte er es dann bereits zu einem anerkannten Schriftsteller gebracht. Aber er schrieb seine erfolgreichen Bücher und Theaterstücke ausschließlich für Erwachsene. Das sollte sich erst ändern, als sein Sohn langsam heranwuchs.

Christopher Robin Milne, oder *Moon*, wie sein Vater ihn meistens nannte, verbrachte den größten Teil des Tages nicht mit seinen Eltern, sondern mit seinem geliebten Kindermädchen. An ihr kam in den ersten Jahren nicht mal der Vater vorbei, sodass er seinem Sohn sehr viel öfter beim Spielen zusah, als selbst mit ihm zu spielen. Dabei musste A. A. Milne an seine eigene Kinderzeit denken. So sehr, dass er seine Erinnerungen mit dem verband, was er bei Christopher Robin beobachtete. Und genau aus dieser Mischung entstanden seine ersten Kindergedichte. Diese waren so beliebt, dass sie im Jahr 1924 sogar als Buch erschienen: *When we were very young (Als wir noch sehr klein waren).*

In einem dieser Gedichte kommt nun endlich auch der Dritte ins Spiel, ohne den es das Buch von Pu dem Bären nicht gegeben hätte: der Teddy von Christopher Robin. Wenn auch zunächst noch unter dem Namen Edward. Erst zwei Jahre später wird er als Pu der Bär im Hundertsechzig-Morgen-Wald seinen Platz finden. Und danach auch in den Herzen von vielen Millionen Kindern und deren Eltern.

»Es ist schwer zu sagen, wer zuerst kam. Habe ich etwas gemacht, und mein Vater hat die Geschichte dazu geschrieben? Oder verhielt es sich genau andersherum, und die Geschichte machte den Anfang? Mein Vater suchte Ideen für seine Geschichten, und ich wiederum brauchte diese für meine Spiele. Eigentlich jedoch war es egal: Die Geschichten wurden Teil unseres Lebens.« So hat Christopher Robin Milne das selbst gesehen.

Übrigens 1: *Moon* ist das englische Wort für *Mond*. Dass Christopher Robin von seinem Vater so genannt wurde, hatte damit aber nichts zu tun. Es lag einfach daran, dass es sich genauso anhörte, als der Junge mit knapp zwölf Monaten versuchte, seinen Nachnamen *Milne* richtig auszusprechen. Vielleicht hat aber auch einer der bekanntesten englischen Kinderreime mit zu dem Spitznamen beigetragen, den A. A. Milne oder das Kindermädchen Christopher Robin bestimmt mehr als einmal vorgesungen haben:

Hei diddel, diedel,
Die Katz und die Fiedel,
Über den Mond springt die Kuh!
Der kleine Hund lacht,
Wie sie das macht,
Teller und Löffel verschwinden im Nu.

Übrigens 2: Aus A. A. Milnes Aufzeichnungen wissen wir, dass er sich früh Gedanken darüber gemacht hat, wie es sich für seinen Sohn anfühlen würde, in den Geschichten von Pu der Bär vorzukommen. Wie berechtigt diese Frage war, zeigte sich schon wenige Jahre nach deren Veröffentlichung: Christopher Robin war nämlich überhaupt nicht glücklich darüber, in die weltbekannten Kinderbücher seines Vaters geraten zu sein. Zumal er dadurch zum damals berühmtesten Kind der Welt wurde. In der Schule litt er darunter, dass seine Mitschüler sich – in einer Mischung aus Bewunderung und Neid – ständig über ihn lustig machten. Zum Beispiel spielten sie immer wieder eine Schallplatte ab, auf der Christopher Robin ein paar der Kindergedichte, in denen es um ihn ging, hatte singen müssen. Irgendwann zerbrach er die Platte vor lauter Ärger in hundert Stücke und verstreute sie auf dem Rasen vor der Schule.

Übrigens 3: Auch den Hundertsechzig-Morgen-Wald hat sich A. A. Milne nicht einfach ausgedacht. Er heißt in Wirklichkeit Ashdown Forest, befindet sich etwa fünfzig Kilometer südlich von London und ist fünfmal so groß wie der Wald in den Büchern, weshalb er eigentlich Achthundert-Morgen-Wald heißen müsste. Mittlerweile hat er sich zu einer beliebten Touristenattraktion entwickelt. Sehr viel besser lernt man ihn jedoch immer noch kennen, wenn man die Bücher über Pu liest. Meint zumindest Christopher Robin Milne. Und der muss es schließlich wissen.

Eigentlich hätte ich in diesem Kapitel noch ein viertes Geburtsdatum hinzufügen können: den 10. Dezember 1879. An diesem extrem kalten Wintertag wurde E. H. Shepard geboren, der Künstler, dem wir die ursprünglichen Illustrationen von Pu zu verdanken haben. Denn auch wenn es heute weltweit kaum ein Kinderzimmer geben dürfte, in dem es nicht mindestens ein Bild von Pu gibt – meist handelt es sich dabei um den Zeichentrick-Bären von Walt Disney –, den echten Pu findet man nach wie vor nur in den Abbildungen von E. H. Shepard. Dabei hatte er für seine Zeichnungen den Teddybären seines eigenen Sohnes zum Vorbild genommen. Und nicht den Teddy von Christopher Robin, den seine Mutter ihm aus dem noblen Londoner Kaufhaus *Harrods* mitgebracht hatte.

Tja – Nelios Fragen zu beantworten, ist gar nicht so leicht. Aber das macht Geheimnisse ja schließlich aus!

»Wir haben dich zum Fressen gern …«

MAURICE SENDAK

»Das Wundervolle am Künstlerdasein ist, dass man das, was man erlebt hat und erlebt, immer wieder benutzen und jedes Mal etwas Neues daraus machen kann«, meinte Maurice Sendak, einer der bedeutendsten Bilderbuchkünstler unserer Zeit. Zumindest er selbst hat sich sein Leben lang daran gehalten und bis ins hohe Alter mehr als achtzig Bücher geschrieben und illustriert. Die bei uns bekanntesten sind *Wo die wilden Kerle wohnen* und *Higgelti Piggelti Pop! oder Es muss im Leben mehr als alles geben*.

Maurice Sendak wurde am 10. Juni 1928 im New Yorker Stadtteil Brooklyn geboren. Seine Eltern Philip und Sarah waren vor dem Ersten Weltkrieg unabhängig voneinander aus polnischen, jüdisch geprägten Dörfern, sogenannten Schtetls, in die USA ausgewandert.

Maurice hatte noch einen fünf Jahre älteren Bruder namens Jack und eine neun Jahre ältere Schwester, Natalie. Ähnlich wie A. A. Milne und sein Bruder Ken waren auch Maurice und Jack unzertrennlich. Doch anders als die beiden Milne-Brüder konnten sie keine gemeinsamen Abenteuer draußen auf der Straße oder in der Natur erleben. Maurice war als Kind nämlich sehr oft krank und musste viel Zeit im Bett oder doch zumindest in der Wohnung verbringen. Das hatte Folgen für sein ganzes Leben.

Als Ausgleich für die Abenteuer, die der kleine Maurice nicht in Wirklichkeit erleben konnte, erzählte der Vater ihm und seinen Geschwistern jeden Abend Geschichten, die sich oft über mehrere Tage hinzogen. Diese Abende gehörten zu Maurice' schönsten Erinnerungen und waren ganz sicher die erste Quelle für sein späteres Leben als Autor und Illustrator.

In den Geschichten des Vaters kamen sehr oft Engel vor. Einmal – Maurice lag wie so oft krank im Bett – erklärte ihm sein Vater: »Wenn du nur aufmerksam genug aus dem Fenster schaust, kannst du vielleicht einen Blick auf einen vorüberfliegenden Engel erhaschen. Das bringt Glück und wird dir helfen, schneller gesund zu werden. Du darfst nur nicht mit den Augen blinzeln, sonst wirst du ihn ganz bestimmt verpassen.«

Maurice starrte daraufhin minutenlang mit aufgerissenen Augen aus dem Fenster. Und wirklich – plötzlich war er sich ganz sicher, dass ein Engel vorbeigeflogen war. Da jubelte er: »Ich hab ihn gesehen! Ich hab ihn gesehen!« Als daraufhin sein Vater ins Zimmer gestürmt kam, merkte Maurice, dass dieser mindestens so begeistert darüber war wie er selbst.

Und diesen Trick – jemandem in die Augen zu schauen, ohne zu blinzeln – beherrscht knapp dreißig Jahre später auch Max, der Held in Maurice Sendaks Bilderbuch *Wo die wilden Kerle wohnen*. Indem er den bedrohlich auf ihn zukommenden Monstern so starr entgegenblickt, kriegen sie selbst Angst und machen Max kurzerhand zu ihrem König.

Weil der junge Maurice Sendak die Wohnung nicht oft verlassen durfte, verbrachte er Stunden um Stunden damit, aus dem Fenster zu schauen. Jahrelang beobachtete er, wie die anderen Kinder auf der Straße spielten. Wie genau er dabei hingesehen hat, zeigt sich in fast jedem seiner Bücher, ganz besonders in einem seiner ersten: *Löcher gibt's, um sie zu graben*. Dort sind sie alle versammelt – Hunderte von Kindern, die draußen toben, Räder schlagen, mit Hunden herumtollen, sich im Matsch wälzen und dabei »Düüdelidüüdelidüü!« schreien.

Damals, als der kleine Maurice durchs Fenster schaute, nahm auch seine lebenslange Liebe zum Film ihren Anfang. So erinnert er sich daran, wie er als Vierjähriger nach halbwegs überstandenem Scharlachfieber auf dem Schoß seiner Großmutter saß: »Es war Winter. Wir saßen vorm Fenster, und meine Großmutter ließ die Jalousie hoch und runter, um mich aufzuheitern. Jedes Mal, wenn die Jalousie hochschnellte, war ich begeistert, den Hof wieder zu sehen, die fallenden Schneeflocken und meine Geschwister, die gerade dabei waren, einen rußbefleckten Schneemann zu bauen.« Am spannendsten fand Maurice, dass der Schneemann Stück für Stück wuchs. Und da er sich an keinerlei Geräusch erinnern konnte, kam ihm das Ganze vor wie ein Stummfilm in Zeitlupe.

Als Maurice seine Eltern und Geschwister dann endlich in eins der echten Kinos begleiten durfte – prachtvolle Säle in Manhattan –, wurde Mickey Mouse sein erster Held. Schon bald kupferte er die Comicfigur ab. Dazu presste er die Seite mit der Abbildung an die Fensterscheibe und deckte sie mit einem leeren Blatt Papier ab. So konnte er ihre Konturen mit dem Bleistift nachziehen.

Zu dieser Zeit begannen Maurice und sein Bruder Jack auch, ihre ersten gemeinsamen Bilderbücher zu verfassen, und das, noch bevor Maurice eingeschult wurde. Dabei war Jack für die Geschichten zuständig und Maurice für die Bilder. Manchmal klebten sie auch noch ausgeschnittene Zeitungsfotos oder Comicbildchen mit ein. Kein Wunder, dass für Maurice damals schon ganz klar war, womit er später einmal Geld verdienen wollte.

Mit sieben Jahren schrieb er dann seine erste eigene Geschichte. Sie hieß *Sie waren unzertrennlich* und handelte von einem Bruder und einer Schwester, die sich so sehr liebten, dass sie nicht ohne einander leben konnten. Doch dann lag der Bruder auf einmal unheilbar krank im Krankenhaus, und die beiden stürzten sich mit den Worten »Wir sind unzertrennlich!« gemeinsam aus dem Fenster.

Ein paar Jahre später, als sie schon Jugendliche waren, fingen Maurice und Jack an, Spielzeugautomaten aus Holz zu basteln. Die standen auf knapp zwanzig Zentimeter breiten, quadratischen Kästchen und konnten jeweils eine typische Szene aus den Märchen *Rotkäppchen* und *Hänsel und Gretel* sowie vier weiteren Kinderbüchern darstellen. Dazu musste man nur einen kleinen Hebel betätigen. Mit ihren kleinen mechanischen Wunderwerken gingen Maurice und Jack zum damals größten und bekanntesten Spielzeugladen New Yorks. Die Leute dort fanden ihre Automaten sehr schön, doch zu kompliziert, um eine größere Menge davon herzustellen. Zumal die beiden Brüder darauf bestanden, dass dabei kein Plastik verwendet werden durfte.

Übrigens 1: In Maurice Sendaks späterem Leben sollte dieser Spielzeugladen aber noch eine ganz entscheidende Rolle spielen. Seine ersten Versuche, eine Anstellung als Illustrator zu finden, waren nämlich erfolglos. Da erinnerte sich der Abteilungsleiter des Spielzeugladens an den jungen Mann und seine selbst hergestellten Spielzeugautomaten, und er bot Maurice einen Job an, den dieser dankend annahm. Drei Jahre lang gestaltete er nun die damals legendären Schaufenster, die von allen Kindern bewundert wurden. Daneben belegte er Abendkurse in Ölmalerei und Komposition. Eine Kinderbuchverlegerin kam auf ihrem Weg zur Arbeit täglich an den von Maurice Sendak dekorierten Fenstern vorbei und wurde so auf seine Bilder aufmerksam. Der Rest ist – wie man in solchen Fällen gerne sagt – Geschichte. Schon das erste Buch mit Sendaks Illustrationen wurde ein Erfolg und führte in den nächsten Jahren zu fünfzig weiteren. Bis das Bilderbuch *Wo die wilden Kerle wohnen* Maurice Sendak endgültig zu einem der weltweit erfolgreichsten Kinderbuchautoren machte.

Übrigens 2: In einem Interview hat Maurice einmal verraten, wer die Vorbilder für seine Wilden Kerle waren. »Jeden Sonntag bekamen wir Besuch von unseren Onkeln und Tanten. Meine Mutter kochte für sie, und ich hatte das Gefühl, dass sie uns die Haare vom Kopf fraßen. Wir mussten unsere besten Klamotten für sie anziehen und höflich auf ihre blöden

Fragen antworten. Wir saßen ihnen auf unseren Küchenstühlen hilflos gegenüber und mussten ertragen, wie sie sich über uns beugten und uns in die Wangen kniffen. Dann zeigten sie lachend ihre schlechten Zähne und brüllten selbstzufrieden: *Wir haben euch zum Fressen gern!* In solchen Momenten hofften wir inständig, meine Mutter möge sich mit dem Essen beeilen, damit es nicht dazu kommen würde.«

Übrigens 3: Als Kind las Maurice Sendak Bücher nicht bloß – er verschlang sie im wahrsten Sinne des Wortes. Das begann schon beim ersten Buch, das seine Schwester Natalie ihm kaufte, als er gerade lesen gelernt hatte (*Prinz und Bettelknabe* von Mark Twain). Erst legte er das Buch auf den Tisch und bestaunte es, weil es ein so schöner Gegenstand war. Dann roch er daran, denn es war auf besonders gutem Papier gedruckt und nicht auf dem billigen und schlecht riechenden, wie es bei den Comics üblich war. (Die liebte Maurice Sendak aber trotzdem!) Danach strich er über den glänzenden, laminierten Einband. Und zum Schluss biss er hinein, was allerdings nicht ganz im Sinne seiner Schwester war. Auf die Idee, das Buch auch zu lesen, kam Maurice Sendak als Letztes.

Viele Erwachsene warfen Maurice Sendak vor, seine Bilderbücher wären nicht kindgerecht genug. Das sah er jedoch ganz anders. Mit Blick auf seine eigene Kindheit war er der festen Überzeugung, dass Kinder sowieso ständig Angst haben. Selbst dann, wenn sie eine glückliche Kindheit verbringen. Das Leben von Kindern in seinen Büchern zu verniedlichen, ist ihm nie in den Sinn gekommen.

Dass Kinder mit solchen Geschichten sehr gut umgehen können, zeigt dieser Brief eines siebenjährigen Jungen, der das Buch von den Wilden Kerlen gelesen hatte: »Lieber Herr Sendak, wie viel kostet es, um dahin zu kommen, wo es Wilde Kerle gibt? Wenn es nicht allzu teuer ist, wollen meine Schwester und ich den Sommer dort verbringen. Bitte antworten Sie schnell!«

Das hat Sendak jedoch nicht getan, denn er war sich ganz sicher, dass die beiden Geschwister früher oder später den Weg dorthin alleine finden würden – und zwar, ganz ohne etwas dafür bezahlen zu müssen …

»Freiheit ist das Beste von allem.«

TOVE JANSSON

»Sie kam am Sonntag, den 9. August zur Welt, um fünf Minuten vor zwölf. Schön, dass sie ein Mädchen ist. Aber sie ist so hässlich, schrecklich!« Das hat Signe Hammersten-Jansson nach der Geburt ihrer Tochter Tove Marika, der späteren Autorin der berühmten *Mumin*-Bücher, im Jahr 1914 in ihr Tagebuch geschrieben. Und so nüchtern diese Beschreibung auch klingen mag – sie ist der Beginn einer lebenslangen Mutter-Tochter-Beziehung, wie ihr sie euch liebevoller kaum vorstellen könnt.

Toves Vater Viktor Jansson war Bildhauer. Doch weil die Einkünfte eines freischaffenden Künstlers schon damals alles andere als gesichert waren, musste seine Frau Signe für ein regelmäßiges Einkommen sorgen, indem sie Buch- und Magazinumschläge illustrierte. Und über dreißig Jahre lang fast alle finnischen Briefmarken. Es gibt Fotos aus jener Zeit, auf denen man sieht, wie die kleine Totte – so wurde Tove damals genannt – auf dem Schoß ihrer Mutter sitzt und ihr stundenlang bei der Arbeit zuschaut. Andere Fotos belegen, wie schnell sie dann lernte, den Zeichenstift selbst in die Hand zu nehmen. Hatte Alan Alexander Milne bereits mit zweieinhalb Jahren lesen gelernt, so malte Totte ihre ersten Bilder sogar schon, bevor sie laufen konnte.

Ein Bildhauer als Vater und eine Illustratorin als Mutter – das bedeutete, dass

Totte und ihre jüngeren Brüder Lasse und Per-Olov ihre gesamte Kindheit in einem Künstlerhaushalt verbrachten. Sie waren von klein auf von Farben umgeben, von Federhaltern, Pinseln und Papier. Und von Gipssäcken und Gestellen mit entstehenden und fertigen Tonskulpturen. Ganz besonders beeindruckend müssen dabei die zum Teil übermannshohen Gipsfiguren gewesen sein, die in der Wohnung standen, bis an die Decke ragten und darauf warteten, in Bronze gegossen und danach in irgendeinem Park aufgestellt zu werden.

In diesem kreativen Tohuwabohu konnte die kleine Totte Tag für Tag miterleben, wie wunderbar es sein kann, Arbeit und Leben nicht zu trennen. Und wie anstrengend! Zum Beispiel mussten sowohl ihre Mutter als auch sie selbst dem Vater regelmäßig Modell stehen – für dessen Skulpturen. Zwei von ihnen, nach Tove geformte Meerjungfrauen, kann man seit achtzig Jahren im Esplanadi-Park besichtigen, mitten in Helsinki.

Tove las bereits als Mädchen gerne und viel. Sie mochte Klassiker wie *Die wunderbare Reise des Nils Holgersson, Alice im Wunderland, Das Dschungelbuch* und *Die Schatzinsel.* Doch ebenso gern verschlang sie die Gruselgeschichten von Edgar Allan Poe und andere Erwachsenenbücher aus der Bibliothek ihrer Eltern.

Das blieb nicht ohne Folgen! Denn ähnlich wie Maurice Sendak und sein Bruder Jack schrieb und illustrierte auch Tove Jansson schon als Kind ihre eigenen Bilderbücher und Comics. Ihre ersten Bücher, alle noch vor ihrem elften Lebensjahr geschrieben und mit Bildern versehen, sind allesamt Gespenster- und Horrorgeschichten, die von Engeln, dem Tod, der Hölle und dem Paradies handeln. Und dann, mit gerade mal vierzehn, gelang es Tove bereits, erste Illustrationen an eine Zeitung zu verkaufen.

Jedes Jahr, wenn der Frühling in den letzten Zügen lag, verließ die Familie ihr Wohnatelier in Helsinki. Dann verbrachte Tove den Sommer und die ersten Herbstmonate mit ihren Eltern und Geschwistern an der finnischen Schärenküste. Weit und breit nichts als karge graue Felsen, Klippen und Höhlen, Muscheln und andere Meerestiere. Und das Meer ein Ort ständiger Abenteuer.

Oder sie besuchte ihre Großeltern in deren Haus auf der grünen schwedischen Insel Blidö. Dort versammelten sich Jahr für Jahr Onkel und Tanten, Cousins und Cousinen. Das Haus war groß, hatte viele Zimmer (die meisten mit einem

eigenen Kachelofen), und seine Lage inmitten von bunt blühenden Uferwiesen und Bächen erinnerte an ein Tal im Paradies.

Aus diesen zwei so gegensätzlichen Welten – der wildbewegten Küste und dem paradiesischen Tal – formte Tove später die Welt ihrer berühmten *Mumin*-Familie. Sie schrieb insgesamt neun Romane und mehrere einzelne Geschichten über die kleinen weißen Wesen. Hinter jeder *Mumin*-Geschichte steckt eine von Tove Janssons Erfahrungen oder Vorstellungen, einer ihrer Wünsche oder Träume. Und in jeder *Mumin*-Figur, so unterschiedlich sie auch sein mögen, findet man ein bisschen von Toves eigener Persönlichkeit:

Die kleine My, die immer freiheraus sagt, was ihr in den Kopf kommt. Das unsichtbare Kind, von dem vor lauter Schüchternheit bloß noch das Glöckchen zu sehen ist, das man um seinen Hals gebunden hat. Mumintroll und seine lebenslange Sehnsucht nach Liebe und Nähe. Oder der Schnupferich, der etwas entfernt von den anderen in einem Zelt wohnt und sich jedes Jahr für viele Monate ganz zurückzieht. Die Filifjonka, die immer Angst hat, es könnte gleich eine Katastrophe passieren. Und Muminmama, die sich durch nichts und niemanden aus der Fassung bringen lässt und für alles eine Lösung findet.

Ähnlich wie ihrer Figur der Muminmama, war es auch der erwachsenen

Schriftstellerin Tove Jansson immer sehr wichtig, dass jede ihrer Geschichten ein Happy End hatte und spätestens auf der letzten Seite eine gute Wendung nahm. Ganz anders als in den Gespenstergeschichten, die sie als junges Mädchen geschrieben hatte.

Übrigens 1: Den ersten Mumintroll malte Tove Jansson schon als kleines Mädchen: an die Wand eines Klohäuschens. Zumindest sieht die Zeichnung den späteren Mumins sehr ähnlich. Dabei sollte sie eigentlich Immanuel Kant darstellen, einen deutschen Philosophen, der vor fast dreihundert Jahren geboren wurde. Entsprechend philosophisch lautete auch der Satz, den sie daneben an die Wand geschrieben hatte: »Freiheit ist das Beste von allem!«
Die kleinen weißen, ebenso gutmütigen wie dicknasigen Wesen tauchten von Anfang an in Tove Janssons Kunst auf. Schon lange, bevor sie als Mumintrolle in den Büchern weltberühmt wurden, kamen sie immer wieder in Tove Janssons Gemälden vor, mit denen sie als junge Malerin ihren Lebensunterhalt bestritt.

Übrigens 2: Je erfolgreicher die *Mumin*-Bücher wurden, desto mehr Leserbriefe bekam Tove Jansson. Zuerst Hunderte, dann Tausende. Darin ging es sehr oft nicht bloß um die *Mumin*-Welt, sondern um die ganz reale Welt der Kinder: »Was soll ich nur mit meinen Eltern machen? Sie werden von Tag zu Tag unmöglicher.« Oder: »Meine Katze ist gestorben! Schreib mir bitte sofort!«
Weil Tove Jansson sich vorgenommen hatte, alle Briefe persönlich zu beantworten, blieb ihr an manchen Tagen kaum Zeit für ihre eigentliche Arbeit. Darum schlug sie vor, ein Gesetz für Autorinnen und Autoren zu erlassen, das ihnen – ähnlich wie den Vögeln und Wildtieren – eine Art Schonzeit einräumt, in der sie nicht gestört werden dürfen.

Übrigens 3: Als Tove vier Jahre alt war, begann in Finnland ein Bürgerkrieg. Auch Toves Vater Faffan nahm an ihm teil, und von den schrecklichen Erlebnissen in dieser Zeit sollte er sich nie mehr erholen. Er lächelte nur noch selten und fand nie wieder ins vorher so harmonische Familienleben zurück, sondern blieb ein Fremder. Gut möglich, dass es diese Veränderung ihres über alles geliebten Vaters war, die Tove Jansson dazu brachte, ihr erstes *Mumin*-Buch *Mumins lange Reise* zu schreiben. Das beginnt nämlich damit, dass Muminpapa verschwunden ist und Muminmama alle Hoffnung aufgegeben hat, ihn jemals wiederzusehen. Doch anders als der Vater in Toves wirklichem Leben kehrt Muminpapa genauso liebenswürdig und freundlich von seiner Expedition ins Ungewisse zurück, wie er vorher gewesen ist.

Findet sich Tove Janssons Wunsch, jede Geschichte glücklich enden zu lassen, in der Figur der Muminmama wieder, so wird ihre Sehnsucht nach Freiheit und Abenteuer ganz sicher von Muminpapa verkörpert. Genau wie dieser liebte Tove das einfache, von Freiheit geprägte Leben mehr als alles andere. So sehr, dass sie später sogar ein kleines Haus auf einer winzigen, unbewohnten finnischen Insel gebaut und bezogen hat. Dort wohnte sie die letzten dreißig Jahre ihres Lebens gemeinsam mit ihrer Lebenspartnerin Tuulikki.

Wenn man Tove Jansson fragte, für wen sie ihre Bücher schreibe, antwortete sie: »Wenn meine Geschichten eine besondere Anziehungskraft haben, dann vielleicht für solche, (…) die abseits oder am Rande stehen, die schüchtern sind.« Und die suchen und finden Schutz, Trost und Kraft in der *Mumin*-Welt. Ihr Leben lang.

»Man sieht nur mit dem Herzen gut.«

ANTOINE DE SAINT-EXUPÉRY

1900. Ein neues Jahrhundert beginnt. Über dem Bodensee erhebt sich der erste Zeppelin in die Lüfte. In Paris wird die Metro eingeweiht, und fast fünfzig Millionen Menschen besuchen die rund um den Eiffelturm stattfindende Weltausstellung. Knapp fünfhundert Kilometer weiter südlich, in Lyon, kommt am 29. Juni ein Junge zur Welt, der dreiundvierzig Jahre später mit *Der kleine Prinz* eines der erfolgreichsten Kinderbücher aller Zeiten schreiben wird. Unzählige Kinder und Erwachsene kennen ihn als Antoine de Saint-Exupéry. Dabei hatte er noch vier weitere Vornamen: Jean-Baptiste, Marie, Roger und Pierre. Und ebenso viele Geschwister: Marie-Madelaine, Simone, François und Gabrielle.

Antoines Gesicht wurde umrahmt von dichtem, blondem Haar – er sah also ein wenig so aus wie der kleine Prinz, wie wir ihn vom Titelbild dieses wunderschönen Buches kennen. Das brachte ihm seinen ersten Spitznamen ein: Sonnenkönig. Und weil Antoine als Kind gern im Mittelpunkt stand, konnte er sehr gut damit leben. Den Spitznamen, den ihm seine Mitschüler dann ein paar Jahre später gaben, mochte er dagegen überhaupt nicht. Wegen Antoines ausgeprägter Stupsnase und seinem Hang zum Träumen nannten sie ihn nämlich *Pique-la-lune*: Hans Guck-in-die-Luft.

Der kleine »Sonnenkönig« lernte seinen Vater nie richtig kennen. Jean de

Saint-Exupéry starb bereits, als sein Sohn gerade einmal drei Jahre alt war. Von da an musste die Mutter Marie ganz allein für sich und ihre fünf Kinder sorgen. Deshalb begab sich die Familie unter die Fittiche von Antoines Großtante – einer Gräfin –, die in einer großen Wohnung wohnte. Mitten in Lyon. Den Frühling, Sommer und Frühherbst verbrachten Antoine und seine Geschwister jedoch vorwiegend auf ihrem großen Schloss auf dem Land. Es hieß Saint-Maurice und war eine Bahnstunde von Lyon entfernt. Dort erlebte Antoine eine Kindheit, von der selbst der kleine Lord aus dem berühmten Kinderroman von Frances Hodgson Burnett nur hätte träumen können.

Um das Schloss Saint-Maurice erstreckte sich ein großer Park mit breiten, schattigen Alleen, mächtigen Bäumen und mehr Platz als genug, um stundenlang darin herumzutoben. Dort spielten die Geschwister Scharade, führten selbst ausgedachte Theaterstücke auf oder badeten im nahe gelegenen Fluss. Rehlein, wie Antoines älteste Schwester Marie-Madelaine genannt wurde, bevölkerte den Park mit ihren vielen Haustieren. Und wenn sich eines der häufigen Sommergewitter ankündigte, liefen die Kinder von Baum zu Baum und versuchten, den Regentropfen so lange wie möglich auszuweichen.

Und dann war da noch das riesige Schloss selbst. Mit seinen dunklen Korridoren und den vielen Zimmern, die zum Teil von den Kindern nicht betreten werden durften, diente es als willkommener Spielplatz. Der Ort, an dem Antoine und seine Geschwister sich am liebsten aufhielten, befand sich ganz oben. Im Gebälk des Dachbodens hockten sie zwischen toten Vögeln, alten, zerschlissenen Koffern und den sonderbarsten Kleidungsstücken. Dabei träumten sie von unermesslichen Schätzen, die da bestimmt irgendwo versteckt sein müssten, genau wie im Zaubermärchen.

Die erhofften Goldmünzen, Edelsteine und sonstigen Kostbarkeiten haben die Kinder zwar nie gefunden, dafür stand dort oben Antoines geheime Schatzkiste. In ihr versteckte er alles, was er liebte, machte und dachte. Ja, in gewisser Weise enthielt sie die Erinnerung an alles, was er damals erlebte. Später hat Antoine de Saint-Exupéry sogar einmal behauptet, diese große Truhe und ihr Inhalt wären das einzig Wichtige in seinem Leben.

Bis auf Antoines lebenslange Liebe zum nächtlichen Himmel natürlich. Doch auch die nahm ihren Anfang auf dem Dachboden. Von unten klangen die Stimmen der Erwachsenen herauf, und er saß auf den Holzdielen, lugte durch die Ritzen, die sich zwischen den Ziegeln auftaten, und beobachtete die Sterne. Gut möglich, dass er sich an diesem Ort auch zum ersten Mal vorstellte, wie es wäre, kein Sonnenkönig auf der Erde zu sein, sondern ein kleiner Prinz auf einem Planeten. Einem so kleinen Planeten, dass außer ihm selbst bloß noch zwei oder drei Vulkane darauf Platz hätten. Eine Blume. Und ein Schaf …

Die Jahre im »Land seiner Kindheit« – wie Antoine es später nannte – fanden ein abruptes Ende, als er neun Jahre alt wurde. Da nämlich hielt sein Großvater die Zeit für gekommen, ihn auf eine militärische Laufbahn vorzubereiten. Also schickte der Großvater ihn auf ein katholisches Internat, auf das schon Antoines Vater gegangen war, eine Tagesreise von Saint-Maurice entfernt. Während Antoine – und später auch sein jüngerer Bruder François – die Schule besuchten, wohnten sie im nahe gelegenen Haus des Großvaters.

In den vielen, fast immer mit Zeichnungen versehenen Briefen, die Antoine seiner Mutter in diesen Jahren schickte, wird deutlich, wie sehr er sie damals vermisste. Denn das Internat war ganz anders als die sanfte, von Frauen geprägte Umgebung, die ihn in den ersten Jahren zu einem so überaus glücklichen Kind gemacht hatte. Stattdessen traf Antoine auf die starre Männerwelt und Disziplin strenger Priester. Der Unterricht dauerte jeden Tag von 7.30 bis 19.00 Uhr, und nur der Sonntagnachmittag war frei. Die Priester griffen bei den geringsten Anlässen zu Strafen. Sie ließen die Schüler in eisiger Kälte fünf- oder sechsmal um den Sportplatz laufen. Oder die Jungen mussten sich während der Pausen wie angewurzelt hinstellen, ohne den kleinsten Mucks zu machen. Und immer wieder setzte es Prügel. Auf diese schreckliche Weise wollte man die Kinder in die Welt der Erwachsenen einführen.

Darum ist es auch wenig verwunderlich, was Antoine de Saint-Exupéry später in seinem Buch vom *Kleinen Prinzen* über die Erwachsenen geschrieben hat: »Ich bin viel mit Erwachsenen umgegangen und habe Gelegenheit gehabt, sie ganz aus der Nähe zu betrachten. Das hat meiner Meinung über sie nicht besonders gutgetan.«

Zum Glück konnte er wenigstens die dreimonatigen Sommerferien nach wie vor in Saint-Maurice verbringen. Bei einem dieser Sommeraufenthalte – Antoine war neun – besuchte er auch zum ersten Mal den in der Nähe gelegenen Flugplatz Ambérieu-en-Bugey. Der Franzose Louis Blériot hatte gerade als erster Mensch mit seinem Flugzeug den Ärmelkanal überquert und das ganze Land begeistert. Auch Antoine bildete da keine Ausnahme. Er erzählte seiner Schwester Simone, er werde selbst ein Flugzeug bauen. Und wenn die beiden dann über Saint-Maurice hinwegfliegen würden, stünde die Menge unten im Park und würde rufen: »Es lebe Antoine de Saint-Exupéry!«

Nur drei Jahre später war es dann so weit. Zumindest mit dem Bauen des Flugzeugs. Den Rumpf bildeten Teile von Antoines Fahrrad. Die Flügel stellte der Dorftischler her. Darum hatte ihn der Priester der Familie gebeten, weil er Angst um das Leben des Jungen hatte. Die Bespannung der Flügel stammte aus dem Wäscheschrank eines der Dienstmädchen. Der kleine, eigentlich zur Bewässerung des Parks gedachte Motor explodierte allerdings (zum Glück!) bereits, bevor Antoine ihn einbauen konnte. Und egal, wie sehr er dann in die Pedale trat – sein Flugapparat hob noch nicht einmal wenige Zentimeter vom Boden ab.

Dafür wandte sich Antoine seiner frisch erwachten zweiten Leidenschaft zu, dem Schreiben. Sein erstes Buch hieß *Das Märchen vom Zylinderhut*. Aber etwas später in diesem ereignisreichen Jahr 1912 erlebte er dann doch noch seinen ersten wirklichen Flug!

Die Gebrüder Wroblewski, die ebenfalls zur Gruppe der meist noch sehr jungen französischen Flugpioniere gehörten, bauten und starteten ihre Flugzeuge nämlich ausgerechnet in Ambérieu-en-Bugey. Dort verbrachte Antoine nun fast jeden Tag. Stunden um Stunden stand er vor den Flugzeugen und ließ sich nicht die kleinste Kleinigkeit entgehen.

In der zweiten Julihälfte war es dann endlich so weit. Antoine versicherte den Wroblewskis, seine Mutter hätte ihm erlaubt, sich mit auf einen ihrer Rundflüge zu begeben. Das war jedoch geflunkert, denn seine Mutter hätte das nie zugelassen. Wie recht sie damit hatte, erwies sich schon zwei Jahre später, als die Wroblewski-Brüder in einem ihrer Flugzeuge tödlich verunglückten. Trotzdem – oder gerade deswegen: Seinen ersten Flug hat Antoine sein Leben lang nicht vergessen.

Übrigens 1: Dem Fliegen und dem Schreiben, diesen beiden schon im Alter von zwölf Jahren entdeckten Leidenschaften, widmete Antoine de Saint-Exupéry sein ganzes Leben. Gleich nach der Schule verbrachte er seinen Militärdienst bei einem Fliegergeschwader, wenn auch zunächst nur beim Bodenpersonal. Aber schon ein Jahr später, mit einundzwanzig, saß er dann zum ersten Mal im Cockpit eines von ihm selbst gesteuerten Flugzeugs. Und in den Jahren danach wurde er sehr schnell zu einem der besten französischen Piloten.
Der kleine Prinz begleitete *Saint-Ex*, wie die Fliegerkollegen Antoine nannten, bereits während dieser Jahre in Form von kleinen Zeichnungen. Zum Beispiel in den Briefen, die er schrieb, oder als Kritzeleien auf irgendwelchen Servietten, Papiertischtüchern oder Rückseiten von Briefumschlägen. Das Buch, mit dem er dem kleinen Kerl dann endgültig zum ewigen Leben hier auf unserem Planeten verhalf, schrieb Antoine de Saint-Exupéry allerdings erst viel später. Gerade mal drei Monate, bevor sein eigenes Leben bei einem Flugzeugabsturz im Mittelmeer ein viel zu frühes Ende fand.

Übrigens 2: An einer Stelle des berühmten Buches schämt sich der Flieger vor dem kleinen Prinzen, weil dieser ihm vorwirft: »Du sprichst ja wie die großen Leute!« Mit den »großen Leuten« meint der kleine Prinz die Erwachsenen, die die Welt nur noch mit praktischen und auf das Nützliche beschränkten Augen betrachten. Das hat der erwachsene Antoine de Saint-Exupéry jedoch nie getan. Zu den »großen Leuten« gehörte er jedoch trotzdem: Er war nämlich zwei Meter groß und stieß sich fast täglich mindestens einmal den Kopf. An Türen, Balken oder im Taxi. Doch als ein Taxifahrer ihn einmal darauf ansprach, soll er geantwortet haben, so übe er schon mal für den nächsten Flugzeugabsturz.

Übrigens 3: Antoine hat sein Leben lang gerne gezeichnet. Und seine Illustrationen zum *Kleinen Prinzen* haben Millionen Menschen vor Augen. Trotzdem gestand er einmal, dass er diese Zeichnungen »ein wenig lächerlich« fände, weil er gar nichts vom Zeichnen oder Malen verstehe. Was er davon wisse, ginge auf seine Kindheit zurück. Und damals hätte sich kein Mensch für sein zeichnerisches Talent interessiert.

Auch bei Antoine de Saint-Exupéry zeigt sich, auf welch vielfältige Weise Nelios Frage beantwortet werden kann. Das Geheimnis hinter den Geschichten lässt sich eben nicht immer so einfach lüften oder durch ein oder zwei Ereignisse aus dem Leben der Autorinnen und Autoren erklären. Und die Wege zu den Geschichten sind oft sehr viel verschlungener, als es auf den ersten Blick aussieht. Aber das ist ja gerade das, was ein Geheimnis zum Geheimnis macht.

Der kleine Prinz ist ein modernes Märchen und keine autobiografische Erzählung wie Erich Kästners *Als ich ein kleiner Junge war.* Trotzdem verrät *Der kleine Prinz* sehr viel mehr über den Autor als das Buch von Kästner. Nicht über das, was Antoine de Saint-Exupéry tatsächlich erlebt hat. Aber über das, was er gedacht hat. Und was ihm in seinem Leben wichtig war. Deswegen käme uns Antoine de Saint-Exupéry, wenn wir ihn heute noch treffen könnten, wahrscheinlich von Anfang an sehr viel vertrauter vor als Erich Kästner.

Apropos vertraut. Auf einem der Planeten, die der kleine Prinz besucht, begegnet er einem Fuchs. Und der erklärt ihm, was in seinen Augen Freundschaft ausmacht. In einer Übersetzung heißt es: »eine Beziehung eingehen«. In einer anderen: »sich vertraut machen«. Eine Mischung aus beidem trifft es wohl am besten. Denn so werden wir füreinander einzigartig sein in der Welt.

»Ich kann mich an keinen Augenblick erinnern, an dem ich nicht zeichnen wollte.«

JUDITH KERR

Judith Kerr erblickte das Licht der Welt am 14. Juni 1923 in Berlin, zehn Jahre, bevor die Nazis dort die Macht übernahmen. Ihr Vater Alfred Kerr war ein bekannter Schriftsteller, Journalist und Theaterkritiker. Das heißt, er schaute sich fast jeden Abend irgendeine neue Theateraufführung an. Und am nächsten Tag konnte man dann in der Zeitung lesen, ob sie ihm gefallen hatte oder nicht. Was ein Kritiker eigentlich ist, davon hatte Judith als kleines Kind allerdings keine Ahnung. Schon mit dem Wort hatte sie ihre Schwierigkeiten. Mal nannte sie ihn »Tikriter«, dann wieder »Kitriker«. Alfred Kerr liebte seine beiden Kinder über alles, an ihrem täglichen Leben nahm er jedoch nicht teil. Stattdessen lebte er in der Welt des Theaters und der Literatur, und für die Angelegenheiten des Alltags war dort kein Platz.

Um die kümmerte sich stattdessen seine Frau Julia. Sie war dreißig Jahre jünger als Alfred. Und obwohl auch sie künstlerisch tätig war – sie komponierte Opern –, war sie immer für Judith und ihren zwei Jahre älteren Bruder Michael da. Sie hörte ihnen zu, kannte die Namen jedes einzelnen ihrer Lehrer und merkte sich, was Judith und Michael ihr über diese erzählten. Sie legte ihre ganze

Kraft in das, was sie sagte. Sie schien alles, was sie tat, doppelt so heftig zu tun wie andere Leute. Und sogar ihre Augen waren von einem strahlenderen Blau als das aller anderen.

Woher ich das weiß? Nun, fast alles, was ich euch bis jetzt über Judith Kerrs Kindheit erzählt habe und was ich euch im Folgenden noch schildern werde, stammt aus ihrer Romantrilogie (so nennt man es, wenn eine Geschichte sich über drei Bücher erstreckt) *Als Hitler das rosa Kaninchen stahl*. Und deswegen lässt sich Nelios Frage, ob sich das Leben der Kinderbuchautoren und -autorinnen in ihren Büchern wiederfindet, bei kaum jemandem so einfach beantworten wie bei Judith Kerr. Denn statt ihren Kindern Matthew und Tacy auf deren Nachfrage bloß zu erzählen, wie ihre eigene Kindheit ausgesehen hat, hat sie diese im *Rosa Kaninchen* haargenau beschrieben: In den drei Romanen erzählt sie, dass sie wegen der Nazis schon mit neun Jahren ihr Berliner Zuhause verlassen und auswandern musste. Zuerst in die Schweiz, dann nach Frankreich und schließlich nach England. Zwar heißt das Mädchen, um das sich in der Geschichte alles dreht, nicht Judith, sondern Anna. Aber das, was Anna und ihre Familie erleben, entspricht fast in jeder Einzelheit Judith Kerrs eigenen Erfahrungen.

Obwohl die drei Romane ihrer Kindheit mit insgesamt fast sechshundert Seiten ein wahrer »Ziegelstein« sind, hat Judith Kerr oft versichert, Schreiben wäre ihr gar nicht so wichtig. Eigentlich wollte sie nämlich immer nur zeichnen. Zeichnen war für sie von klein auf so normal, wie es für ihren Bruder Michael normal war, mit einem Ball herumzukicken. Schon mit viereinhalb Jahren zeichnete Judith im Kindergarten ihre erste Tulpe. Dabei fiel ihr auf, dass die Tulpe, die sie abgemalt hatte, ganz anders aussah als die Tulpe auf der Vorlage. Erst viele Jahre später wurde Judith bewusst, dass sie in diesem Moment bereits etwas ganz Entscheidendes bemerkt hatte: Illustrationen – wie auch die von Katrin Engelking in diesem Buch – vermitteln uns ein Bild von einem Menschen, einem Gegenstand oder einer Situation. Den Anspruch, genauso auszusehen wie die Wirklichkeit, haben Illustrationen jedoch nicht.

Bis zu ihrem neunten Lebensjahr erlebte Judith Kerr eine wohlbehütete und glückliche Kindheit in Berlin. Auch aus dieser Zeit gibt es viele von ihr gezeichnete Bilder. In ihrem damaligen Leben spielte das Kindermädchen eine große

Rolle, ähnlich wie bei A. A. Milne und seinem Sohn Christopher Robin. In Judiths Fall war das die von ihr heiß geliebte Gouvernante Fräulein Heimpel, die sie Heimpi nannte. Wie wichtig Heimpi für Judith war, erkennt man schon daran, dass sie die einzige Person ist, die im *Rosa Kaninchen* mit ihrem richtigen Namen genannt wird. Sie nähte Judith alle Kleider, versorgte den Haushalt und kochte.

Das Haus der Kerrs war ein beliebter Treffpunkt für die damals berühmtesten Künstler, Schauspieler und Wissenschaftler. Ein oft gesehener Gast war auch Max Meyerfeld, ein Journalist, Übersetzer und enger Freund des Vaters. Im *Rosa Kaninchen* nennt Judith Kerr ihn Onkel Julius. Er liebte Tiere genauso sehr wie Judith und ihr Bruder Michael. Allerdings hatten die Geschwister nicht viel Glück mit Tieren. Die Vögel, die ihnen ihr Vater mitbrachte, starben an Überfütterung, ein paar weiße Mäuse am Sonnenstich, und ihre Schildkröte verschwand auf Nimmerwiedersehen in den Nachbargärten.

Mit Onkel Meyerfeld ging Judith regelmäßig in den Zoo. Sie hatte gerade alle *Doktor Dolittle*-Bücher gelesen und wünschte sich, die Tiere verstehen zu können – so wie dieser. Und wie Onkel Meyerfeld. Denn dass der die Tiersprache ebenfalls verstand, davon war Judith fest überzeugt. Ob das der Wahrheit entsprach, weiß ich nicht. Dass Tiere in Max Meyerfelds Leben jedoch eine sehr große Rolle spielten und er von ihnen mehr hielt als von manchen seiner Zeitgenossen, die das Leben in Berlin und Deutschland damals bestimmten, das weiß ich. Auf einer Postkarte, die er einmal an die Familie Kerr schickte, schrieb er: »Je mehr ich von den Menschen mitkriege, desto lieber sind mir die Tiere.«

Was Onkel Meyerfeld damit meinte, erfuhr Judith kurz vor ihrem zehnten Geburtstag, im März 1933. Da musste ihr Vater eines Nachts Hals über Kopf das Haus verlassen und fliehen. Und das, obwohl er hohes Fieber hatte und eigentlich hätte im Bett bleiben müssen. Alfred Kerr hatte in seinen Zeitungskommentaren die immer mächtiger werdenden Nationalsozialisten, die Partei Adolf Hitlers, regelmäßig scharf angegriffen. Als Jude war er den Nazis sowieso im Wege. Aufgrund seiner unerschrockenen Kritik hatten sie ihn sogar auf eine Liste gesetzt, auf der Menschen standen, die sie nach ihrer endgültigen Machtergreifung sofort verhaften wollten. Deswegen blieb Alfred Kerr – anders als Erich Kästner –

nichts anderes übrig, als Deutschland so schnell wie möglich zu verlassen und in die Schweiz zu fliehen.

Mutter Julia und die Kinder folgten dem Vater schon wenige Wochen später und verbrachten die nächsten Monate in einem Gasthaus in der Nähe von Zürich. Eigentlich hatten sie geplant, dass Heimpi in die Schweiz nachkommen und wieder für sie arbeiten sollte. Doch sie hatten nicht mehr genügend Geld, um Heimpi zu bezahlen.

Die ersten Tage in der Schweiz waren für Judith schwer zu ertragen. Vor allem ärgerte sie sich darüber, dass sie ihr rosa Kaninchen mit den aufgestickten schwarzen Augen in Berlin gelassen und stattdessen den Wollhund mitgenommen hatte, den sie auf einmal ganz blöd fand. Diese Entscheidung empfand sie als schlimmen Fehler, und sie machte ihn dadurch wieder gut, dass sie dem geliebten Stofftier später durch ihre drei Romane weltweite Berühmtheit verschaffte.

In der Schweiz erlebte die kleine Judith am eigenen Leib, dass nicht alle Menschen freundlich reagieren, wenn Flüchtende bei ihnen an die Tür klopfen. Vielleicht war das sogar einer der Gründe, warum sie später als Erwachsene ihr erstes Bilderbuch *Ein Tiger kommt zum Tee* geschrieben hat. Auch in dieser Geschichte steht nämlich ganz plötzlich ein Fremder vor der Tür, der Tiger, und bittet um Hilfe. Doch anders, als Judith selbst es als Kind erlebte, bitten Sophie und ihre Mutter den Tiger freundlich herein, trinken mit ihm Tee und bieten ihm alles an, was ihr Herz, ihre Speisekammer und ihr Kühlschrank hergeben.

Übrigens 1: Dass Judiths Vater gerade noch rechtzeitig fliehen konnte, hatte er ausgerechnet einem unbekannten Polizisten zu verdanken, der seine Kritiken und Artikel mochte und dem es egal war, was die Nazis von ihm dachten. Als er mitbekam, dass seine Kollegen dem unbequemen

Kritiker den Pass abnehmen wollten, rief er sofort bei den Kerrs an, um sie zu warnen. Mit diesem Anruf rettete er nicht bloß Alfred Kerr das Leben, sondern der gesamten Familie.

Übrigens 2: Trotz der Flucht ist Judith immer zur Schule gegangen. Erst in der Schweiz, danach in Frankreich und zuletzt in England. Die fremden Sprachen hat sie so schnell gelernt, dass sie in der Pariser Schule schon nach wenigen Monaten eine achtzig Seiten lange Geschichte geschrieben hat: *Pierre et Michel*! Die zugehörigen Bilder hat sie alle in Schwarz-Weiß gezeichnet. Aber nur, damit keine Farbe umkippen und den Teppich des Hotelzimmers ruinieren konnte.

Übrigens 3: In einem Vortrag hat Judith Kerr einmal gesagt, dass sie ihre Kindheit in Berlin »eingeweckt« hat, so wie man Pflaumen oder Birnen in Gläsern konserviert. Dieses »Glas« hat sie dann ungeöffnet während der Flucht mit sich herumgeschleppt. Aufgemacht hat sie es erst vier Jahrzehnte später, als sie sich hinsetzte, um das *Rosa Kaninchen* zu schreiben.

Judith empfand die Jahre der Flucht als Kind wie ein einziges großes Abenteuer. Den ernsten Hintergrund konnte sie damals noch nicht begreifen. Und als sie in Paris mit ihrem Vater am Fenster stand und auf den Eiffelturm schaute, rief sie: »Ist es nicht herrlich, ein Flüchtling zu sein?!«

Diese Ansicht konnten ihre Eltern leider nicht teilen, sie vermissten Deutschland ihr Leben lang. Für Judith jedoch wurde England zu ihrer eigentlichen Heimat, wo sie später auch heiratete und ihre beiden Kinder zur Welt brachte. Und genau wie bei Astrid Lindgren waren es bei Judith Kerr die eigenen Kinder, die sie immer wieder aufforderten, ihnen Geschichten zu erzählen. Und die dafür sorgten, dass aus dem zeichenverrückten Mädchen die weltberühmte Bilderbuchautorin Judith Kerr wurde.

»Als ich jünger war, konnte ich mich an alles erinnern, ob es sich nun zugetragen hatte oder nicht.«

MARK TWAIN

Am 25. August 1835 stand in der amerikanischen *New York Sun*, die ersten Menschen wären auf dem Mond gelandet. Das war eine bewusste Falschmeldung, die die Leute jedoch ein paar Tage lang für bare Münze nahmen und die sie in entsprechende Aufregung versetzte. Im gleichen Jahr berichtete die Nürnberger Tageszeitung *Korrespondent* bei uns in Deutschland, die ersten Menschen wären mit einer dampfbetriebenen Eisenbahn von Nürnberg nach Fürth gefahren. Diese Geschichte entsprach der Wahrheit, aber die Aufregung, die sie auslöste, war nicht weniger groß als die zuvor in New York.

Zwischen diesen beiden Meldungen, am 30. November 1835, kam in Florida ein Junge zur Welt, dessen Bücher *Tom Sawyer* und *Huckleberry Finn* einmal so erfolgreich werden würden, dass auch seine Geburt eine Meldung wert gewesen wäre. Zumal er an den beiden oben genannten Geschichten großen Spaß gehabt hätte, an der erfundenen ebenso wie an der wahren. Dieser Junge war Mark Twain.

Mark Twain ist ein Pseudonym, das heißt ein Name, den der Autor sich erst später selbst gegeben hat. Geboren wurde er nämlich als Samuel L. Clemens. Auch hinter seinem Geburtsort Florida verbirgt sich nicht der große Bundesstaat am südöstlichen Zipfel der USA, sondern ein »fast unsichtbarer Flecken« in Missouri mit gerade mal hundert Einwohnern. Und der »Palast«, wie Twain sein Geburtshaus lange Jahre genannt hat, war bloß eine schlichte Holzhütte, von der es heißt, sein Vater John Marshall Clemens habe sie selbst gebaut. Diese Mischung aus schnöder Wahrheit und ihrer fantasievoll übertriebenen Darstellung wurde zu Mark Twains Markenzeichen und sollte ihn sein Leben lang begleiten. Dass der kleine Sam bereits im Alter von vier Jahren angefangen hat zu lesen, zu schreiben und sich Geschichten auszudenken, entspricht allerdings der Wahrheit und ist keine Übertreibung.

Im selben Jahr zog die Familie Clemens von Florida nach Hannibal. Dort erlangte Sams Vater einige Berühmtheit, weil er als Friedensrichter den kleinen hölzernen Richterhammer, mit dem man in den USA auch heute noch ein Gerichtsurteil besiegelt, statt auf das dafür vorgesehene Pult ab und zu auch auf den Kopf eines Angeklagten niedersausen ließ.

Hannibal war ein etwas größeres Städtchen direkt am Ufer des Mississippi. Und dieser beeindruckende, bis zu anderthalb Kilometer breite Strom sollte sowohl in Mark Twains Leben als auch in seinen Romanen eine zentrale Rolle spielen. Sogar diejenigen, die den Mississippi bloß aus *Tom Sawyer* oder aus *Huckleberry Finn* kennen, tragen ein sehr persönliches und geheimnisvolles Bild von diesem majestätischen Gewässer mit sich herum. Und es würde mich ganz und gar nicht wundern, wenn auch manche unter euch schon mal davon geträumt haben, irgendwann einmal wie Tom, Joe und Huck auf einer der kleinen Inseln im Mississippi zu hocken, Pfeife zu rauchen und alles um sich herum zu vergessen.

Ob Mark Twain das früher wohl auch gemacht hat? Bei einem Autor, der zeit seines Lebens nie so genau zwischen Wahrheit und Dichtung unterschieden hat, ist die Beantwortung von Nelios Frage nach der Wahrheit in den Geschichten natürlich nicht ganz einfach. Mark Twain selbst hat das aber nicht weiter gestört: »Mein Gedächtnis ist nicht mehr so rege«, schrieb er im Alter. »Als ich jünger war, konnte ich mich an alles erinnern, ob es sich nun zugetragen hatte oder nicht.«

Aber vieles von dem, was Mark Twain in Tom Sawyers und Huckleberry Finns Abenteuern schildert, hat er als Kind wahrscheinlich wirklich so erlebt. So fand zum Beispiel auch er es total toll, Geschichten, die er zuvor gelesen hatte, mit seinen Freunden nachzuspielen: als Regisseur, Produzent und möglichst noch als Hauptdarsteller. Was jedoch gar nicht so einfach war, denn in Hannibal gab es damals kaum Bücher. Erst recht keine Kinderbücher. Also war Sam auf die wenigen zerlesenen Exemplare angewiesen, die er finden konnte. Das waren *Ali Baba und die vierzig Räuber, Die drei Musketiere, Der Mann mit der eisernen Maske* und *Robin Hood*. Und weil Sam die Texte nicht nur lesen konnte – damals durchaus noch keine Selbstverständlichkeit –, sondern sie auch noch auswendig im Kopf hatte, wurde er schon bald Anführer der schauspielenden Rasselbande, die sich um ihn scharte wie die Motten um das Licht.

Sogar das Mädchen, für das er damals schwärmte, hat Mark Twain in seinem ersten Roman verewigt: als die von Tom Sawyer vergötterte Becky Thatcher. Außerdem verstand Mark Twain es als Kind genau wie seine späteren Helden Tom und Huck, in der Wildnis Feuer zu machen, Hasenfallen zu errichten, Fische zu fangen und Schildkröteneier auszugraben. Und obwohl ihm persönlich Lesen und Schreiben keinerlei Schwierigkeiten bereiteten, teilte er Hucks und Toms große Abneigung gegen die Schule. Ebenso wie gegen alles andere, was die »Ssivilisassion«, wie Huck sich ausdrückt, einem so abverlangt.

Anders jedoch als Tom Sawyers Tante Polly ging es der Familie Clemens jahrelang so schlecht, dass Sam als Kind oft Hunger leiden musste. Umso mehr genoss er die langen Sommeraufenthalte auf der Farm seines Onkels, wo der Tisch immer reich gedeckt war und es die köstlichsten Gerichte gab. »Ach, ich muss weinen, wenn ich nur daran denke«, schrieb er kurz vor seinem Tod im Jahr 1910. Und dann zählte er die neununddreißig Gerichte auf, an die er sich noch erinnern konnte.

Auch diese Fähigkeit, Dinge noch nach Jahrzehnten bis in die letzte Einzelheit glasklar vor Augen zu haben und sie beschreiben zu können, gehört ganz sicher zu den Geheimnissen, die Mark Twains Romane so spannend und lebendig machen.

Übrigens 1: Bevor aus Samuel L. Clemens der Schriftsteller Mark Twain wurde, arbeitete er viele Jahre lang als Lotse auf einem der großen Raddampfer, die den Mississippi auf- und abwärts fuhren. Damals gab es noch kein Radar, keine elektronischen Tiefenmesser oder sonst irgendwelche Technik. Deshalb waren die Lotsen ganz auf ihre Beobachtungsgabe angewiesen, zumal die Dampfer ihre Reise auch des Nachts fortsetzten und keine Scheinwerfer hatten. Diese Beobachtungsgabe hat Mark Twain später beim Schreiben seiner Bücher bestimmt sehr geholfen.
Sogar sein Pseudonym hat er seinem damaligen Job zu verdanken: Die Lotsen prüften mit ihrem Lot (einem an einer Leine befestigten Bleigewicht) ständig die Flusstiefe, um zu verhindern, dass der Dampfer auf Grund lief. Die jeweilige Tiefe riefen sie laut aus, sodass der Kapitän darauf reagieren konnte. »Mark Three« (5,5 m) hieß, unter dem Boot war noch genügend Platz. »Mark Twain« (3,7 m) dagegen bedeutete, dass es nun langsam brenzlig wurde.

Übrigens 2: Ähnlich wie Erich Kästner und A. A. Milne begann Mark Twain sein Schriftstellerdasein als Journalist. Richtig bekannt wurde sein Name dann aber erst, als er zwei Bücher veröffentlichte, in denen er seine beiden Schiffsreisen nach Europa beschrieb. Diese beiden Bücher waren auch bei uns sehr beliebt, zumal ihn die zweite Schiffsreise nach Deutschland geführt hatte. Darum wurde er 1892 eingeladen, an einem kaiserlichen Galadinner teilzunehmen. Er durfte sogar direkt zur Rechten des Herrschers Platz nehmen. Und Mark Twain wäre nicht Mark Twain, hätte er danach nicht notiert: »Eine Zeit lang wäre ich ganz gern deutscher Kaiser.«
Auch wenn ihm das nicht gelungen ist, hat er dann immerhin eines der erfolgreichsten deutschen Kinderbücher der damaligen Zeit ins Englische übersetzt, den *Struwwelpeter*!

Übrigens 3: Als Mark Twain geboren wurde, herrschte in den Südstaaten der USA noch die Sklaverei. Die Afroamerikaner wurden als »Menschen zweiter Klasse« angesehen und als »Neger« oder »Nigger« bezeichnet. Auch in Mark Twains Romanen.
Heute ist es für uns zum Glück selbstverständlich, jede Art von Rassismus abzulehnen. Doch das erlebte der kleine Sam Clemens damals noch ganz anders: »In meiner Schulzeit empfand ich keine Abneigung gegen die Sklaverei. Es war mir nicht bewusst, dass etwas daran verkehrt sein konnte. Die Zeitungen prangerten sie nicht an; von der Kanzel wurde uns beigebracht, dass Gott sie billige, dass sie eine heilige Sache sei.«
Dessen ungeachtet war ein Sklavenjunge, den Mark Twain als Kind kennengelernt hatte, bis ins hohe Alter sein Ratgeber und Freund. Und als Jim fand er sogar Eingang in Mark Twains Romane *Tom Sawyer* und *Huckleberry Finn*.

Es gibt noch ein weiteres Geheimnis, das sich hinter den beiden Abenteuergeschichten verbirgt: *Tom Sawyers Abenteuer* betrachtete Mark Twain selbst zunächst ausschließlich als Geschichte für Erwachsene. Erst einem Freund gelang es, ihn davon zu überzeugen, dass er das Buch auf diese Weise seinem dankbarsten Publikum, den Kindern und Jugendlichen nämlich, vorenthalten würde. Ähnlich schwer tat sich Twain später auch mit *Huckleberry Finn*. Er war mit diesem Werk so unzufrieden, dass er das Manuskript während der sieben Jahre, die er daran gesessen hatte, sogar mehrere Male verbrennen wollte. Zu unserem Glück hat er es aber nicht getan.

Doch egal, was Mark Twain selbst von seinen beiden erfolgreichsten Büchern gehalten haben mag – eines scheint ihm klar gewesen zu sein: Mit Toms und Hucks Abenteuern hat er sich im Nachhinein eine wunderbar aufregende Kindheit verschafft, wie er sie – von einigen Ausnahmen abgesehen – selbst nie erlebt hat. Gleichzeitig hat er damit auch seinen vielen Millionen Leserinnen und Lesern eine Welt voller Abenteuer beschert, wie diese sie nur zu gerne selbst erleben würden. Und das können sie nun auch schon seit fast hundertfünfzig Jahren – zumindest in ihrer Fantasie.

»Ich bin Schriftstellerin und nicht Pädagogin.«

CHRISTINE NÖSTLINGER

Es gibt Kindheiten, die sind so schwierig, dass viele Erwachsene es ganz und gar unmöglich finden, sie in einem Kinderbuch zu schildern. Viel zu »brutal« und »hart« und überhaupt nicht »kindgerecht«. Nun kann man sich seine Kindheit aber im Gegensatz zu Büchern leider nicht aussuchen. Und die von Christine Nöstlinger fand – ähnlich wie die von Judith Kerr – in einer Zeit statt, die alles andere als leicht war. Und ganz und gar nicht kindgerecht. Trotzdem hat Christine Nöstlinger ihre Kindheit in einem Buch beschrieben, in dem sie sogar – anders als Judith Kerr in ihrem *Rosa Kaninchen* – unter ihrem eigenen Namen vorkommt. Der Roman heißt *Maikäfer, flieg!*. Und es ist ein Glück, dass Christine Nöstlinger ihn geschrieben hat. Denn das meiste von dem, was ich euch im Folgenden über sie und ihr Leben berichte, hätte ich sonst nie erfahren.

Geboren wurde Christine Nöstlinger in Wien, am 13. Oktober 1936. Sie war gut vier Kilo schwer. Und weil sie drei Wochen zu lang im Bauch ihrer Mutter geblieben war, kam sie »schon als ziemlich erwachsener Säugling« auf die Welt. Allerdings nicht ganz so erwachsen wie *Konrad oder Das Kind aus der Konservenbüchse*, der Held eines ihrer bekanntesten Bücher. Und vor allem nicht so wohlerzogen und angepasst wie er. Christines Mutter zumindest hat immer behauptet, sie wäre ein wildes, wütendes Kind gewesen. Darauf hat sich Christine später aber nichts eingebildet. Schließlich war es leicht, wild und wütend zu sein, wenn man dafür – anders als die meisten Kinder zu dieser Zeit – daheim von seinen Eltern keine »Watschen« (so heißen Ohrfeigen in Österreich) bekam. Gründe, wild und wütend zu sein, gab es damals jedenfalls mehr als genug.

Christine Nöstlinger wurde dreizehn Jahre später geboren als Judith Kerr. Das heißt, sie war gerade mal anderthalb Jahre alt, als die Nationalsozialisten auch in Österreich die Macht ergriffen. Zum Glück befanden sich wenigstens in ihrer eigenen Familie keine Nazis. Sowohl Christines Großeltern als auch ihre Mutter Michaela und ihr Vater Walter waren überzeugte Sozialisten. Ihre Großmutter schimpfte sogar so laut über die »ganze Nazi-Bagage«, dass die Nachbarn sie immer wieder warnten, sich nicht um Kopf und Kragen zu reden.

Christines Vater Walter war »der Mensch ihres Lebens«. Wenn sie sich mit ihrer Mutter stritt (und das tat sie oft!), war er stets auf ihrer Seite und stärkte ihr den Rücken. Die meisten Väter hatten sich durch die schrecklichen Erlebnisse im Krieg so sehr verändert, dass ihre Kinder Angst vor ihnen hatten. Da war Christines Vater die absolute Ausnahme. Darum versteht man auch sofort, warum sie so traurig war, als ihr Vater nach ein paar Tagen »Heimaturlaub« wieder zurück an die Front zu seinen kämpfenden Kameraden musste, mit Helm, Uniform und Gewehr in der Tür stand und sich von ihr verabschiedete.

Christines Großvater, der »Großl«, war schon zu alt, um in den Krieg zu müssen. Auch ihn liebte das kleine Mädchen über alles. Tagsüber spielte er Kohlenträger: Christine und ihre fünf Jahre ältere

Schwester waren die Kohlensäcke. Er selbst wanderte mal mit der einen, mal mit der anderen um den Tisch herum und keuchte nach jeder Runde: »Erster Stock, zweiter Stock, dritter Stock.« So lange, bis die Mutter rief: »Schluss jetzt! Den Großl trifft sonst noch der Schlag!«

Wenn er die beiden Schwestern abends ins Bett brachte, erzählte er ihnen keine Märchen, so wie seine Tochter, Christines Mutter, es immer tat, sondern schwindelte ihnen die tollsten Geschichten vor. Am liebsten von einem mutigen kleinen Großvater. So mutig, dass beim Raufen selbst fünf starke Jungs keine Chance gegen ihn hatten oder dass er sich vom Lehrer nie etwas hatte gefallen lassen. Diese tapfere und aufmüpfige Haltung vererbte er seinem Sohn Walter. Und der vererbte sie seiner Tochter Christine. Und die hat sie dann später, als sie Autorin war, an viele Figuren in ihren Büchern weitergegeben.

Auch die Großmutter las den Kindern vor: Todesanzeigen. Diese Mischung aus Märchen, selbst ausgedachten Fantasiegeschichten und Todesanzeigen hat sicher mit zu dem speziellen Geheimnis von Christine Nöstlingers Geschichten beigetragen. Denn zu denen gehört immer auch eine gehörige Portion schwarzen Humors.

Vielleicht kann man sogar Christine Nöstlingers gesamte Kindheit als eine Mischung aus Humor und Traurigkeit beschreiben. Denn wenn man liest, was sie in *Maikäfer, flieg!* über ihre Kindheit während des Krieges schreibt, versteht man, warum Christine Nöstlinger auf die Frage, ob ihre Kindheit glücklich gewesen sei, manchmal mit Ja geantwortet hat und manchmal mit einem traurigen Nein. Beides stimmte. Und vielleicht trifft das ja auf alle unsere Kindheiten zu. Mal mehr und mal weniger.

Selbst mit dem Lesen angefangen hat Christine Nöstlinger eigentlich erst, als der Krieg vorüber war und sie aufs Gymnasium gekommen ist. *Pünktchen und Anton* und *Emil und die Detektive*, den *Lederstrumpf* und *Evi im Internat*, ein Buch, das heute zu Recht kein Mensch mehr kennt. Zum Glück waren die Bücher damals nicht teuer, sodass Christine sie sich schon bald von ihrem eigenen Taschengeld kaufen konnte. Die Verkäuferin in der Buchhandlung nebenan kannte sich allerdings nicht sehr gut aus. Sie hielt alles für ein Mädchenbuch, was im Titel einen Frauennamen hatte. Deswegen verschlang Christine schon mit zehn kitschige

Frauenschicksale, die eigentlich für Erwachsene gedacht waren. Gestört hat sie das aber kein bisschen. Hauptsache, sie konnte in das Leben anderer Menschen eintauchen. Und geschadet hat es ihr auch nicht!

Neben *Pünktchen und Anton* und *Emil und die Detektive* geriet Christine Nöstlinger damals auch schon an *Fabian,* einen von Erich Kästners Romanen für Menschen, die mindestens doppelt so alt waren wie sie. Christine war von der Geschichte ganz begeistert, verpasste ihr aber sogleich ein neues, glücklicheres Ende, weil sie mit Erich Kästners Auflösung nicht einverstanden war.

Wer hierin nun gleich die Geburtsstunde von Christine Nöstlingers späterer Laufbahn als Kinderbuchautorin sehen möchte, liegt jedoch mächtig falsch. Sie hat sich von da an nämlich einfach nicht mehr für Kinderbücher interessiert. Das änderte sich auch nicht, als sie gut zwanzig Jahre später Mutter zweier Töchter wurde. Statt ihnen vorzulesen, sagte sie: »Selber lesen macht gescheit.« Bloß selbst erfundene Geschichten erzählte sie ihren Töchtern, so, wie der Großl das bei ihr und ihrer Schwester gemacht hatte.

Erst als Christine Nöstlinger von einem Freund gebeten wurde, für seinen Gedichtband ein paar Illustrationen anzufertigen, kam sie beim »Kritzeln« auf die Idee, selbst eine Geschichte zu schreiben und dazu Bilder zu zeichnen. An diesem Text »bastelte« sie allerdings länger als ein Jahr herum. Heraus kam *Die feuerrote Friederike,* ihr erstes eigenes Bilderbuch. Als der Text dann jedoch sehr viel mehr Anerkennung fand als ihre Illustrationen und ohne jede Änderung vom Verlag angenommen wurde, fand sie das so toll, dass sie von da an »wie eine Brummhummel darauflosproduzierte«.

Übrigens 1, 2 und 3: Auch Christine Nöstlinger bekam einmal Besuch von einem zehnjährigen Kind, das etwas über Kinderbücher wissen wollte. Das Kind hieß Miriam und hatte vor, Schriftstellerin zu werden. Ihre Fragen wurden sogar in einem Buch veröffentlicht. Und weil die Fragen so ganz anders waren als die von Nelio, will ich sie euch nicht vorenthalten:

Miriam: »Ich hab auf die Uhr geschaut. Zur letzten Seite hast du 6 Minuten gebraucht.«
C. N. (Christine Nöstlinger): »Und?«
»Macht in der Stunde 10 Seiten«, sagt Miriam. »Wenn ein Buch 200 Seiten hat, dann brauchst du 20 Stunden für ein Buch!«
C. N. zeigt auf den großen Weidenkorb neben dem Schreibtisch. Der ist randvoll mit beschriebenem Papier. »Du vergisst den Abfall«, sagt sie.
Die Miriam steht auf und kippt den Weidenkorb. Knöcheltief steht sie in den beschriebenen Seiten. »Warum hast du die weggeworfen?«, fragt sie.
»Weil's lauter Mist war.«
»Wie merkst du, ob etwas Mist ist?«
»Wenn es mir nicht gefällt, dann ist es Mist.«
»Warum schreibst du etwas, das dir nicht gefällt?«
»Weil es mir eben oft nicht besser gelingt.«
»Schreibst du gerade Mist?«
»Weiß ich noch nicht«, sagt C. N. »Im Moment halte ich es nicht für Mist. Könnte aber leicht sein, dass es mir nachher, wenn ich es durchlese, wie Mist vorkommt!«
Miriam sortiert ihren Mist. Sie sagt: »Manche Seiten hast du ja gleich zehn Mal geschrieben. Dann brauchst du ja für ein Buch nicht 20 Stunden, sondern 200 Stunden!«
C. N. zieht einen Packen linierter Hefte aus ihrer Schreibtischschublade und wirft sie Miriam zu. »Bevor ich mich an die Schreibmaschine setze, schreib ich die Geschichte doch zuerst mit der Hand. Und das dauert!«
Miriam blättert in den Heften. Dann sieht sie auf einer Seite nichts als Strichmännchen. »Wozu sind die?«, fragt sie.
»Da ist mir nichts eingefallen, und ich hab nachgedacht. Manchmal zwei Stunden.«
Miriam blättert wieder. »Du malst aber oft Männchen. Dir fällt wohl oft nichts ein!«
»So ist es. Manchmal einen ganzen Tag lang.«
»Warum fällt dir nichts ein?«

»Na ja, wenn ich mich in eine Sackgasse hineingeschrieben habe.«
»Warum überlegst du dir die ganze Geschichte nicht fertig, bevor du überhaupt zu schreiben anfängst? Dann müsstest du in keine Sackgasse rein.«
»Weil ich nur beim Schreiben Geschichten ausdenken kann. Ohne Papier und Bleistift geht das bei mir einfach nicht. Ich habe das Geschichtenschreiben ja nicht gelernt. Ich probier halt so rum.«
»Wann wirst du es denn ordentlich gut können?«
»Wahrscheinlich nie.«

Christine Nöstlinger hat in ihren Büchern gerne Sätze geschrieben, über die man stolpern kann. Oder soll. Dass sie bestimmte Kinder nicht ausstehen kann, zum Beispiel. Oder dass sie Kinderbücher nur schreibt, solange sie Geld dafür bekommt. Und dass es keine Kinderwelt gibt, in der alles immer rosig aussieht. Denn aus ihrer eigenen Erfahrung wusste sie: Es gibt nur eine Welt. Eine Welt voller Widersprüche. Und genau deshalb gehörten die ihrer Meinung nach eben auch in Kinderbücher. Ebenso wie ihr schräger, wunderbarer Humor. Belehrend und streng wollte Christine Nöstlinger hingegen nie sein, das hat sie lieber den Pädagogen überlassen. Bloß einen Rat hat sie dann doch gegeben. Allerdings den Eltern: »Mit einem Kind, das nie Quatsch macht, soll man schleunigst zum Psychologen gehen.«

Wie Christine Nöstlinger sich eine ordentliche Erziehung vorstellte, lest ihr am besten selber nach. In *Konrad oder Das Kind aus der Konservenbüchse*, meinem Lieblingsbuch von ihr. Für diesen Roman pfeif ich sogar auf ihren *Gurkenkönig*.

»Haltet die Uhren an. Vergesst die Zeit. Ich will euch Geschichten erzählen.«

JAMES KRÜSS

»Am letzten Maitag 1926, am Spätnachmittag, kam ich verspätet, aber gern zur Welt. Weiße Segel umkreisten die Insel, die Hebamme duftete nach Rosen (sie war auch die einzige Blumenhändlerin der Insel), und meine Mutter sang. Nur mein Vater weinte.« So schön hat James Krüss seine Geburt beschrieben – in seiner ersten »autobiographischen Skizze«. Doch schon in der zweiten (und letzten!) Skizze heißt es: »Meine eigene Kindheit, die stattfand auf der Insel Helgoland, verliert sich – je weiter nach rückwärts, umso hoffnungsloser – in tiefes Dunkel.«

Bei keinem der hier versammelten Autoren war es so schwer, etwas über seine Kindheit herauszubekommen, wie bei James Krüss. Ausgerechnet dieser große Geschichtenerzähler, der für Bücher wie *Mein Urgroßvater und ich* oder *Timm Thaler* berühmt geworden ist, hat sich, was seine Kinderjahre betrifft, bis auf die beiden »autobiographischen Skizzen« und ein paar »Erinnerungsblitze« in Schweigen gehüllt. Also bleibt uns wohl zunächst nichts anderes übrig, als seine Erinnerungsblitze zu nutzen, um zumindest ein wenig Licht ins Dunkel zu bringen und so vielleicht doch noch dem einen oder anderen Geheimnis hinter seinen Geschichten auf die Spur zu kommen.

Erster Erinnerungsblitz: »Ich erinnere mich einer Seite der Fibel, aus der ich lesen lernte. Da stand auf einer Anhöhe einsam vor dem Himmel ein rosa Haus mit vielen Fenstern. Darunter stand *Das ist ein Haus.*«

Dieses Haus war für den kleinen James Jacob Hinrich Krüss lange Zeit *das* Haus schlechthin. Zumal es bis auf die vielen Fenster genauso aussah wie die knallbunte Hummerbude seines Großvaters. In solchen Holzhütten bewahrten dieser und die anderen Helgoländer Fischer ihre Netze auf, flickten sie und schnitzten die »Tienerkorken«, an denen man die Netze befestigte, damit sie nicht untergingen. Ganz so, wie es James Krüss in seinem Buch *Mein Urgroßvater und ich* dann später beschrieben hat.

Helgoland ist eine sehr kleine Insel, auf der es nicht bloß wenige Häuser, sondern – außer ein paar Schafen – auch keine größeren Tiere gab. Pferde kannte der kleine James (das sprechen die Insulaner übrigens wie »Jeems« aus und nicht wie »Dschäms«) deshalb selbst im Alter von elf Jahren nur von Abbildungen. Als er dann das erste Mal aufs Festland kam und ihm dort ein echtes Pferd über den Weg lief, hielt er es für einen Löwen – wegen seiner Mähne. Groß gewundert hat ihn das jedoch nicht. Er glaubte nämlich, das Tier laufe als Zirkusreklame durch die Stadt. Das ist vielleicht bereits ein erster Hinweis auf seine blühende Fantasie sowie seine unbändige Lust, sich Geschichten auszudenken. Der nächste seiner Erinnerungsblitze scheint das nur zu bestätigen:

»Mein schönstes Spielzeug war die Fantasie. Ich hatte Spiele gern, deren Regeln ich erst zu finden hatte. Ich mochte Bücher, durch deren krause Vielfalt ich mir selber Wege bahnen musste.«

Darum machen wir es am besten genauso wie der kleine James und suchen mögliche Erlebnisse und

Plätze seiner Kindheit einfach in der »krausen Vielfalt« der vielen Bücher und Geschichten, die er selbst geschrieben hat. Dann werden die von ihm in einem dritten Erinnerungsblitz erwähnten »Speicherkammern, Rumpelkammern und Kellerzimmer, in denen es Kisten mit Krimskrams gab« und in denen er als Kind so gerne spielte, blitzschnell zum *Leuchtturm hinter den Hummerklippen* und zu den *Glücklichen Inseln hinter dem Winde*. Oder zur gemütlichen, von oben bis unten vollgestellten Hummerbude aus *Mein Urgroßvater und ich* und *Mein Urgroßvater, die Helden und ich*, in der der große Boy seinem Urenkel eine Woche lang Geschichten erzählt.

James Krüss hat seine ersten fünfzehn Jahre ausschließlich auf Helgoland verbracht. Daher ist es sicher kein Zufall, dass die meisten seiner Bücher auf irgendwelchen Inseln spielen, auf realen wie Helgoland oder erfundenen. Deswegen muss er vieles von dem, was er in diesen Geschichten beschrieben hat, wohl auch so erlebt haben. Oder eben ein wenig anders. Schließlich hat James Krüss einmal behauptet, dass er schon als Kind über die Gabe verfügte, »vollendet zu schwindeln«.

Das tat er allerdings nur, solange es um selbst ausgedachte Geschichten ging. Im wirklichen Leben war ihm immer Ehrlichkeit und Gerechtigkeit sehr wichtig. Auch dazu gibt es einen Erinnerungsblitz. In dem erzählt James Krüss, wie ihm ein Lehrer eines Tages ohne Grund vor der ganzen Klasse eine Ohrfeige gegeben hat. Da wehrte er sich mit dem Mittel, das er schon damals am besten beherrschte: mit der Sprache. Gerade mal zehn Jahre alt, gründete er eine kritische Schülerzeitung, nannte sie *Die Kneifzange* und bot sie für 5 Pfennig auf der ganzen Insel an.

Dass James Krüss auch sein Talent, Verse zu schmieden, schon früh ausgebildet hat, beweist eine von

den Inselbewohnern glaubhaft überlieferte Anekdote. Er hätte, heißt es da, schon als kleiner Junge gedichtet. Und zwar, als ihm ein angebotenes Tortenstück zu winzig erschien: »Ein kleiner Magen / kann auch was vertragen.«

Übrigens 1: James Krüss' erstes richtiges Gedicht war gleichzeitig der Beginn seiner Laufbahn als Autor. Es war das Theaterstück in Versen *Münchhausen fährt zum Monde*. Das hat er geschrieben, als er achtzehn Jahre alt war. Dabei handelt es sich um eine Nachdichtung eines großen Films über den sagenhaften Lügenbaron Münchhausen, der ein Jahr zuvor in die Kinos gekommen war und dessen Drehbuch von einem gewissen Berthold Bürger stammte. Hinter diesem Pseudonym verbarg sich allerdings kein Geringerer als Erich Kästner, dem die Nazis da schon verboten hatten, unter eigenem Namen zu schreiben.
Persönlich kennen- und schätzengelernt haben die beiden sich ein paar Jahre später, als der junge, damals noch unbekannte Autor James Krüss seinen berühmten Kollegen fragte, ob er dessen Buch *Die Konferenz der Tiere* zu einem Hörspiel umarbeiten dürfte. Er durfte, und daraus entstand dann nicht bloß ein erfolgreiches Hörspiel, sondern eine lebenslange Freundschaft.

Übrigens 2: Wäre *Das Geheimnis hinter den Geschichten* schon zu James Krüss' Lebzeiten erschienen, wer weiß, vielleicht hätte er mir die eine oder andere Bemerkung an den Rand geschrieben, die er selbst einmal über die Autorinnen und Autoren an anderer Stelle gesagt oder geschrieben hat.
Über Mark Twain zum Beispiel: »Sam war in der Schule kein großes Licht. Dafür aber auf der Straße und an den Ufern des Mississippi ein umso beliebterer Spielgenosse.«
Oder über Erich Kästner: »Erich Kästner ist ein knappes Jahr älter als das zwanzigste Jahrhundert. Schade, dass das Jahrhundert seinen großen Bruder so selten um Rat gefragt hat.«
Über Astrid Lindgren: »Was, Astrid, du da schreibst, es lesen / Kinder rundum auf der Welt. / Weil, wie du als Kind gewesen / Heut noch jedem Kind gefällt.«

Und über sich selbst: »Ich war als Kind sehr gerne Kind, und ich hoffe, es bis in mein achtzigstes Jahr auch als Erwachsener zu bleiben.« Dieser Wunsch hat sich leider nicht erfüllt. James Krüss starb am 2. August 1997, im Alter von einundsiebzig Jahren.

Übrigens 3: Eins haben alle Menschen, die ich kenne und die auf einer Insel groß geworden sind, gemeinsam – auf dem Festland fühlen sie sich nie richtig wohl. Auch James Krüss nicht. Er verließ Helgoland zwar als junger Mann auf Nimmerwiedersehen, doch seine letzten zwanzig Jahre verbrachte er mit seinem Lebenspartner wieder auf einer Insel, auf Gran Canaria. Seine Schwester meinte dazu: »Einmal Insulaner, immer Insulaner.« James Krüss selbst hatte eine andere Erklärung, wenn auch mit seinem typischen Augenzwinkern: »Auf kleinen Inseln mit wenig Auslauf bildet sich selbst das magerste Talent zur Fantasie bis an seine äußersten Grenzen aus.«

Meine beiden Lieblingsbücher von James Krüss sind die, in denen der kleine Boy seinen Urgroßvater besucht und dieser ihm in der Hummerbude Geschichten erzählt. Und am tiefsten hat sich eines seiner dort vorkommenden Gedichte in mein Gedächtnis gebrannt: das Gedicht vom Zauberer *Kori, Kora, Korinthe*. Er kommt ohne das ganze Brimborium vieler anderer Zauberkünstler und Magier aus, und doch versteht er es, seine Umwelt zu verzaubern: mit nichts als einem Blatt Papier und ein bisschen Tinte.

Und genau das ist auch das Geheimnis hinter den Geschichten von James Krüss. Er hat es sogar einmal selbst verraten. In einem kleinen Büchlein, das er vor fast sechzig Jahren geschrieben hat und das schon lange nicht mehr erhältlich ist. Es heißt *ABC und Phantasie*. Und ganz vorne, gleich auf der ersten Seite, steht: »Nichts ist einfacher, als aus Buchstaben ein Buch zu machen, vorausgesetzt, man versteht etwas vom Bücherschreiben.« Die Buchstaben stehen zwar uns allen zur Verfügung, doch sie richtig zusammenzusetzen – dazu braucht man ein besonderes Talent. Und das hat man, oder man hat es nicht. James Krüss hat es gehabt!

»Ich schwindle nicht. Ich mach die Wahrheit bloß ein bisschen interessanter.«

ROALD DAHL

Was seine Kindheitserlebnisse betrifft, macht es uns Roald Dahl, der Autor von *Charlie und die Schokoladenfabrik*, *Matilda* und *Sophiechen und der Riese*, sehr viel leichter als James Krüss. Er hat sie nämlich einfach in einem Kinderbuch beschrieben, genau wie Erich Kästner, Judith Kerr und Christine Nöstlinger. Es heißt *Boy. Schönes und Schreckliches aus meiner Kinderzeit*. Weil aber auch Roald Dahl keinen Ziegelstein daraus machen wollte, erspart er uns die »langweiligen Einzelheiten«, wie er sich ausdrückt. Darum erzählt er in seinem autobiografischen Roman nur die Geschichten aus seiner Kindheit, die sich so nachhaltig in sein Gedächtnis geprägt haben, dass er sie bloß von dessen Oberfläche »abschöpfen« musste, wie das Sahnehäubchen vom Kakao. Und hätte Nelio die Frage nach der Wahrheit von Geschichten nicht mir, sondern Roald Dahl gestellt, dann hätte der ihm geantwortet: »Ein paar von ihnen sind komisch. Ein paar tun weh. Wieder andere sind peinlich. Das ist wahrscheinlich auch der Grund, warum sie mir so lebendig in Erinnerung geblieben sind.« Und nach einer kleinen Pause: »Aber wahr sind sie alle.«

Roalds Vater Harald Dahl lebte und arbeitete im Südwesten von England, stammte jedoch aus Norwegen. Roalds Mutter Sofie Magdalene war Haralds zweite Frau. Auch sie war Norwegerin. Gemeinsam bekamen die beiden fünf Kinder – Astri, Alfhild, Else, Asta und mittendrin, am 13. September 1916, den kleinen Roald. Harald Dahl starb bereits, als Roald vier Jahre alt war. Deshalb kannte Roald seinen Vater bloß aus den Erzählungen seiner Mutter. So traurig das war – diese Geschichten haben ganz sicher mit dazu beigetragen, dass Roald schon von klein auf seine Fantasie entwickeln musste.

Das erste Ereignis, an das sich Roald Dahl in seinem Buch *Boy* erinnert, dauerte nur wenige Sekunden: Er war acht Jahre alt und auf dem Nachhauseweg von der Schule, als ein zwölfjähriger Schüler auf einem Fahrrad an ihm vorbeischoss. Es ging steil bergab, der Junge lehnte sich zurück, Roald hörte das sirrende Geräusch des Freilaufs und sah, wie der Junge die Hände vom Lenker nahm und die Arme lässig vor der Brust verschränkte. Dieses Bild prägte sich dem Achtjährigen ein, als Ausdruck allerhöchsten Glücks und größter Freiheit. So sehr, dass er in diesem Moment für ein solches Fahrrad sogar das Angebot abgelehnt hätte, später mal ein berühmter Schauspieler, Musiker oder sogar Premierminister zu werden. Dass Roald Dahl ein so kurzes Erlebnis noch viele Jahre später so glasklar vor Augen hatte, ist allerdings eine Fähigkeit, die ganz sicher mit dazu beigetragen hat, dass er stattdessen Autor geworden ist, und macht bestimmt einen großen Teil des Geheimnisses hinter seinen Geschichten aus.

Die zweite Begebenheit, die sich in Roald Dahls Gedächtnis eingebrannt hat, ereignete sich in seinem ersten oder zweiten Schuljahr und ist als »Große Mausverschwörung« in die Geschichte eingegangen – zumindest in die von Roald Dahl: Er und seine Schulkameraden rächten sich bei der Süßwarenladenbesitzerin Mrs. Pratchett für deren ekliges Verhalten, indem sie ihr heimlich eine tote Maus in das Glas mit den Dauerlutschern schmuggelten. Eins hatten die Jungs bei ihrem genialen Plan jedoch leider nicht bedacht – was sie erwartete, wenn herauskommen würde, wem die Maus den ungewöhnlich süßen Ort ihrer letzten Ruhe zu verdanken hatte. Prügel nämlich. Vom Schuldirektor höchstpersönlich! Auf den Hintern, mit einem extra biegsamen Stock. Denn bis vor fünfzig Jahren durften Schüler nicht nur in England, sondern auch bei uns noch von ihren Lehrern geschlagen werden.

Diese Tracht Prügel war allerdings bloß ein erster Vorgeschmack auf das, was anschließend begann und was der gerade neun Jahre alt gewordene Roald später »das erste große Abenteuer seines Lebens« nannte. Es dauerte vier Jahre, und sein Schauplatz war St. Peter's, ein Jungeninternat in Weston-super-Mare, an der Meeresenge zwischen England und Wales. Was Roald Dahl dort erlebte, war eine Zeit unvorstellbarer Unterdrückung und Einsamkeit. Er selbst beschrieb seine Schulzeit als »Tage des Schreckens«. Und im Vergleich dazu klingen die Geschichten aus Hogwarts wie aus einem Erholungsheim.

Roald Dahl hatte von seinen Lehrern viel zu erleiden. Deshalb muss jeder, der *Matilda* gelesen oder im Kino gesehen hat, sicher sofort an Fräulein Knüppelkuh denken, die bösartige Schuldirektorin. Oder an die menschenfressenden Riesen aus *Sophiechen und der Riese* – den Blutschlucker, den Menschenpresser, den Knochenknacker und all die anderen. Schließlich sind dem jungen Roald Dahl viele seiner Lehrer schon damals wie Riesen vorgekommen.

Gleichzeitig versteht man, warum er die Bösartigkeit einiger seiner Figuren so sehr ausschmückt: Wenn ein Kind nämlich von seinen Lehrern (oder anderen Monstern) jahrelang in Furcht und Schrecken versetzt wird, ohne sich wehren zu können, dann hilft ihm bloß eins: Es muss das, was sie ihm antun, in seiner Fantasie total übertreiben. Und genau darum schleudert Fräulein Knüppelkuh ein Mädchen an seinen Zöpfen herum, nur weil sie keine Zöpfe mag, wirft einen Jungen aus dem Fenster oder lässt ihre Schüler das komplette Wörterbuch abschreiben. Das ist so verrückt, dass wir darüber lachen müssen. Und in dem Augenblick, wo wir über jemand lachen können, hat er keine Macht mehr über uns.

Damals jedoch hat dem jungen Internatsschüler Roald Dahl vor allem der Umstand geholfen, Bücher zu lesen. Ganz so früh wie Matilda (mit drei!) hat Roald Dahl die literarische Welt zwar nicht entdeckt. Aber mit zehn fing auch er an, Shakespeares Theaterstücke zu lesen, die Romane von Charles Dickens und die Gruselgeschichten von Edgar Allan Poe. Außerdem schrieb er in dieser Zeit mit *Kumback II* seine erste (bislang unveröffentlichte) Geschichte. Dazu kamen Woche für Woche Briefe, die er seiner geliebten Mutter schrieb. Und die lesen sich schon fast so, als stammten sie aus einem der fast fünfzig Bücher, die er später verfasst hat.

Trotzdem waren die Kommentare, die er damals für seine Schulaufsätze bekam, vernichtend: »Ein absoluter Wirrkopf. Wortschatz völlig belanglos, Satzbau schlecht konstruiert. Erinnert eher an ein Kamel.« Oder: »Keinerlei Ideen!« Und schließlich: »Habe noch keinen Schüler getroffen, der so hartnäckig immer das Gegenteil von dem schreibt, was er meint.« Da kann man nur hoffen, dass dieser Lehrer noch mitgekriegt hat, was Roald Dahl den GuRie aus *Sophiechen und der Riese* verkünden lässt: »Was ich meine und was ich sage, sind zwei verschiedene Dinge.«

Als Roald dreizehn war, wurden alle Jungen aus seiner Hausgruppe von dem schon damals bekannten Süßwarenhersteller *Cadbury* als Schokoladentester eingesetzt. Jeder von ihnen bekam eine Pappschachtel mit zwölf neu entwickelten Schokoriegeln auf sein Pult gestellt. Und dann mussten (!) die Jungen einen nach dem anderen wegknuspern und jeden einzeln kommentieren und bewerten.

An einen seiner Kommentare konnte sich der erwachsene Roald Dahl noch erinnern: »Zu raffiniert für den gewöhnlichen Geschmack!« Und daran, dass es dieser Test war, der ihn fünfunddreißig Jahre später dazu bewogen hat, *Charlie und die Schokoladenfabrik* zu schreiben, seinen mit Abstand erfolgreichsten Roman.

Richtig mit dem Schreiben angefangen hat Roald Dahl erst, als er schon Mitte vierzig war und sich Gutenachtgeschichten für seine Kinder ausdenken musste.

Einmal wurde er gefragt, ob es schwierig wäre, ein Schriftsteller zu werden. Da antwortete er, für einen wie Charles Dickens sei es sicher ganz leicht gewesen. Der hatte sich nämlich mit gerade mal dreiundzwanzig hingesetzt und seinen ersten Roman geschrieben. Und obwohl auch Roald Dahl sein Licht nie unter den Scheffel gestellt hat, sollte das wohl heißen: Ja, es ist schwierig und erfordert sehr viel Arbeit und Selbstdisziplin! Doch Genie oder nicht – eine Voraussetzung gibt es, ohne die es einfach nicht geht: eine lebendige Fantasie!

Übrigens 1: Für alle, die sich von dem eben Gesagten nicht abschrecken lassen und trotzdem noch Schriftsteller werden wollen, hatte Roald Dahl einen guten Rat. Er verglich das Geschichtenschreiben mit einem langen Spaziergang, bei dem man sich durch die Landschaft bewegt und erst mal alles notiert, was einem dabei ins Auge fällt. Später steigt man auf den einen oder anderen kleinen Hügel, sieht dadurch noch ein bisschen mehr und bekommt gleichzeitig eine andere Sicht auf die Dinge, die man zu Beginn gesehen hat. Den höchsten Berg besteigt man dann am Schluss der Geschichte. Von ihm aus gewinnt man den Überblick über alles, was man bis dahin gesehen oder aufgeschrieben hat. Und wenn man alles richtig gemacht hat, passt auch alles irgendwie zusammen.

Übrigens 2: Sein erstes Kinderbuch *The Gremlins* schrieb Roald Dahl 1943, mit Ende zwanzig. Schon diese Geschichte zeigt, wie er unangenehmen, ja lebensgefährlichen Situationen mit Fantasie begegnete. Es war mitten im Zweiten Weltkrieg, und er war als Pilot täglich dem Risiko ausgesetzt, der jeweilige Flug könnte sein letzter sein. Ausgerechnet bei einem dieser Flüge erfand er kleine Monster namens Gremlins – eine Art unberechenbarer Heinzelmännchen –, die den englischen Piloten manchmal halfen, manchmal jedoch auch zu deren Absturz beitragen konnten. Sein Buch wurde zwar nie verfilmt (Walt Disney hätte es übrigens gern getan), die Gremlins schafften es aber als ganz besondere kleine Monster später doch noch zu einiger Berühmtheit. Vor einigen Jahren tauchten sie sogar in zwei Filmen auf, hatten aber mit ihren Urahnen kaum noch was zu tun.

Übrigens 3: Wie die meisten von uns, war auch Roald Dahl nicht ohne Fehler. Sein dümmster war wohl, dass er sich abfällig gegenüber den Juden äußerte und sich nie dafür entschuldigte. Kurz vor seinem Tod bekam Roald Dahl einen Brief von zwei Kindern aus San Francisco: »Lieber Herr Dahl, wir lieben Ihre Bücher, aber wir haben ein Problem … wir sind Juden!! Wir lieben Ihre Bücher, aber Sie lieben uns nicht, und das bloß, weil wir Juden sind. Das verletzt uns! Also seien Sie bitte so gut und nehmen Sie zurück, was Sie über die Juden gesagt haben. Mit lieben Grüßen, Aliza und Tamar.«
Roald Dahl selbst hatte keine Zeit mehr, den Brief zu beantworten und sich zu entschuldigen. Das hat dann aber fast dreißig Jahre später seine Familie getan, in seinem Namen.

Wie gesagt, nicht nur Antoine de Saint-Exupéry war im Zweiten Weltkrieg Flieger, sondern auch Roald Dahl. Und auch er stürzte mit seinem Jagdflugzeug ab. Doch anders als Saint-Exupéry kam Roald Dahl mit dem Leben davon. Allerdings litt er danach zeit seines Lebens unter starken Rückenschmerzen. Deshalb schrieb er alle seine Romane und Geschichten in einem extra für ihn gebauten, alten Ohrensessel. Und statt eines Schreibtischs hatte er eine Art Tablett, das er vor sich auf die beiden Lehnen stellte.

Der Sessel stand in einer kleinen, ziemlich hässlichen Hütte im Garten hinter seinem Wohnhaus. Sie wurde nie sauber gemacht, und niemand durfte Roald Dahl dort stören. Neben seinem Sessel hatte er ein Sammelsurium der merkwürdigsten Dinge aufgebaut. Das Innere der Hütte erinnerte stark an den Inhalt seiner Tuck-Box. Das war eine abschließbare Holzkiste, in der er als Schüler – wie alle Jungen im Internat – seine ganz persönlichen Sachen aufbewahren konnte und in die niemand, nicht einmal der Direktor, hineingucken durfte. Dort versteckten die Schüler nicht bloß ihre verbotenen Süßigkeiten, sondern auch alle möglichen Schätze wie Magneten, Taschenmesser und Kompasse.
In Roalds Fall auch noch ein Bindfadenknäuel, ein Rennauto zum Aufziehen, ein halbes Dutzend Zinnsoldaten, eine Schachtel mit Zauberkunststücken, eine mexikanische Springbohne,

eine Steinschleuder sowie einige Stinkbomben. Und in seiner Schreibhütte bewahrte Roald Dahl dann sogar seinen eigenen Hüftknochen und einen großen silbernen Ball auf. Der bestand aus den Einwickelpapierchen der Schokoriegel, von denen er sich bis ins hohe Alter jeden Tag einen genehmigte.

»Ich schreibe Bücher, die ich als Kind gern gelesen hätte.«

PAUL MAAR

»Kinderbuchautoren hatten häufig eine extreme Kindheit – eine extrem glückliche oder eine extrem unglückliche«, soll Paul Maar einmal gesagt haben, von dessen Büchern das eine oder andere bestimmt auch in eurem Regal steht. *Das Sams* zum Beispiel, oder *Lippels Traum*. Daher liegt es nahe, mit der Suche nach dem Geheimnis hinter diesen Geschichten in Paul Maars Kindheit zu beginnen. Über die hat er sogar ein Buch geschrieben: Es heißt: *Wie alles kam. Roman meiner Kindheit.* Und es ist für Erwachsene. Vielleicht, weil Paul Maar der Meinung ist, dass nicht alles, was Kinder erleben, sich auch dafür eignet, dass Kinder es lesen.

Trotz seiner achtzig Jahre kann sich Paul Maar noch an Dinge zurückerinnern, die passiert sind, als er gerade mal vier Jahre alt war. Gleichzeitig verrät er, dass sich seine Erinnerungen nicht wie an einer Perlenschnur aneinanderreihen, fein säuberlich, eine nach der anderen. Sie sind kein gleichmäßig dahinfließender Fluss oder Strom, sondern ähneln eher verstreuten Pfützen auf einem Feldweg nach einem starken Regen. Einige sind größer, andere nur ganz klein. Und um sie sich wieder ins Gedächtnis rufen zu können, helfen ihm vor allem Gerüche.

Geboren wurde Paul Maar am 13. Dezember 1937 in Schweinfurt. Wie es damals gerochen hat, weiß er allerdings nicht mehr. Der erste Geruch, an den er sich erinnern kann, ist der nach kaltem Zigarrenrauch. So roch nämlich die

Gaststube von Opa Schorsch und Oma Kuni, den Eltern seiner Stiefmutter Johanna. Die hatte sein Vater Edmund Jeremias Maar geheiratet, nachdem Pauls leibliche Mutter kurz nach dessen Geburt gestorben war. Bei den beiden alten Leuten wohnten Paul und Johanna, seit der Vater als Soldat in den Zweiten Weltkrieg hatte ziehen müssen und das Leben in der Stadt wegen der Bombenangriffe zu gefährlich geworden war. Die Großeltern lebten in einem kleinen Dorf, zwanzig Kilometer mainaufwärts. »Dort gab es keine Sirenen, keine Bomben und keine nächtlichen Ängste.« Und den Umzug hat der kleine Paul so empfunden, als wäre er aus der Hölle in den Himmel gekommen.

Pauls Opa Schorsch war immer fröhlich und muss in etwa so ausgesehen haben wie Pumuckls Meister Eder. Neben seinem Job als Gastwirt war er auch noch Böttcher, das heißt, er hatte eine Werkstatt und stellte Holzfässer her. Dort duftete es nach frischem Holz und Harz. Und während der Großvater in seiner Werkstatt hobelte oder dasaß und wartete, bis der Leim zwischen zwei Brettern endlich getrocknet war, setzte sich der kleine Paul auf den großen Haufen Hobelspäne, der sich in einer der Ecken angesammelt hatte. Und Opa Schorsch nutzte die Pausen, um seinem Enkel Geschichten zu erzählen. Oder er regte ihn an, selber welche zu erfinden. Fast so wie der große und der kleine Boy in *Mein Urgroßvater und ich* von James Krüss.

Dass auch Christine Nöstlinger kurz vor dem Zweiten Weltkrieg geboren wurde, ein Jahr vor Paul Maar, habe ich euch ja bereits erzählt. Ebenso wie die Tatsache, dass ihr Vater nach dem Krieg noch genauso liebevoll zu ihr war wie zuvor. Bei Pauls Vater war das jedoch leider ganz anders. Ihn hatten die schrecklichen Erlebnisse völlig verändert. Ja, als er nach fünf Jahren wieder nach Hause zurückkehrte, stand er seiner Frau und seinem Sohn wie ein Fremder gegenüber. Er war bloß noch streng und schlug Paul wegen der kleinsten Kleinigkeit.

Der Junge durfte nicht mehr im Zimmer seiner Mutter schlafen, sondern wurde in eine Art Rumpelkammer ausquartiert, fast wie Harry Potter bei seinem Onkel Vernon und seiner Tante Petunia. Von nun an lebte er in ständiger Angst, von seinem Vater geschlagen zu werden. Darum tat Paul in diesen Jahren alles, um bloß nicht aufzufallen. Seinem Vater nicht und überhaupt niemandem. Nichts hätte

er damals lieber gehabt, um diese Angst zu vertreiben, als eine Wunschmaschine. So wie Herr Taschenbier und das Sams. Dabei stand sie ihm doch eigentlich schon damals zur Verfügung. Nur, dass sie sich nicht »Wunschmaschine« genannt hat, sondern Fantasie.

Wie viel Fantasie Paul Maar schon damals hatte, zeigt folgende Erinnerung: Sein Vater hielt nicht viel vom Lesen und besaß nur drei Bücher. Eins davon war der *Sprach-Brockhaus,* ein *Bildwörterbuch für Jedermann.* Auf den vielen Abbildungen waren aber immer nur Gegenstände zu sehen. Beim *Rummelplatz* zum Beispiel alle Buden und Attraktionen. Menschen – in diesem Fall also irgendwelche Jahrmarktbesucher, Budenbesitzer oder Betreiber von Karussells und Geisterbahnen – waren nicht dabei. Von dieser unbelebten Welt fühlte sich der kleine Paul gleichermaßen angezogen wie abgeschreckt. Und er fing an, sich schreckliche Katastrophen auszumalen, die dafür gesorgt hatten, dass alle Menschen gestorben waren und die jeweiligen Schauplätze verwaist zurückgelassen hatten. Hier zeigte sich Paul Maars Talent, Geschichten zu erfinden, wahrscheinlich zum ersten Mal. Und es half ihm, den Katastrophen seiner eigenen Welt etwas entgegenzusetzen.

Ganz ähnlich machte er das später auch mit einem Märchen-Stickeralbum. Gekauft hatte er es eigentlich nur wegen der schönen Sammelbilder, die man einkleben konnte und die man dazubekam, wenn man Reemtsma-Zigaretten rauchte. Ein bisschen so wie die Punkte, die Philipp in *Lippels Traum* bekommt – allerdings nicht für Zigaretten, sondern für Joghurt, Milch und saure Sahne. Überall da, wo die Bilder in Pauls Album noch fehlten, sah man nur ein mit einer schwarzen Linie umrandetes Rechteck. Doch ausgerechnet diese weißen Flecke fand Paul ganz besonders schön. Denn die konnte er sich selbst ausmalen. Nicht mit irgendwelchen Buntstiften, sondern in seiner Fantasie. Und zwar genau so, wie er es wollte.

Sein Lieblingsmärchen war das vom *Eisenhans.* Das Märchen handelt von einem Prinzen, der dem über und über behaarten Eisenhans (eigentlich ein verwunschener König) aus seiner Gefangenschaft hilft. Der Eisenhans nimmt ihn daraufhin mit in den Wald. Dort trägt er dem Prinzen auf, einen Goldbrunnen zu hüten und aufzupassen, dass nichts hineinfällt. Einmal nun beugt der Jüngling sich zu tief hinab, als er die goldenen Fische betrachten will. Dabei gleiten seine langen Haare von den Schultern, geraten ins Brunnenwasser und sind sogleich vergoldet. Er verbirgt sie aber unter seiner Mütze, damit keiner sie entdeckt. Später arbeitet er als einfacher Gärtnergehilfe in einem Schloss, von niemand geachtet. Erst als er einmal die Mütze abnimmt, weil die Sonne ihn ins Schwitzen bringt, ruft die Prinzessin, die gerade aus dem Fenster schaut: »Der hat ja goldene Haare!«, und heiratet ihn.

Dieses Märchen las Paul als Kind fast jeden Abend vor dem Einschlafen. Erst viele Jahre später, als er schon längst ein erfolgreicher Autor war, erkannte er, warum diese Geschichte ihn damals so fasziniert hatte. Es war die Vorstellung: »Egal, wie schlecht ich behandelt werde – irgendwann werden alle erkennen, was im Augenblick nur ich weiß: Ich habe goldene Haare!« Wahrscheinlich war das eine Voraussetzung dafür, dass Paul Maar trotz seiner oft so traurigen Kindheit später so fröhliche Geschichten schreiben konnte. Und sich damit vielleicht die glückliche Kindheit erschaffen hat, die ihm als Kind nicht vergönnt gewesen war.

Übrigens 1: Einmal hatte der vierjährige Paul Maar ein Erlebnis, von dem er später nicht genau sagen konnte, ob es glücklich war oder genau das Gegenteil davon. Sein Schlafzimmer war plötzlich mit blauer Luft gefüllt, in der fischartige Wesen schwebten. Er war sich ganz sicher, dass er nicht träumte, aber es gelang ihm nicht, das Zimmer wieder so zu sehen, wie es in Wirklichkeit sein musste. Stundenlang, sosehr er auch an seinem Gehirnschalter drehte.
Ein anderes Mal stellte er sich vor, wie es wohl wäre, wenn jemand jede Nacht dasselbe träumte. Könnte derjenige dann überhaupt noch zwischen Traum und Wirklichkeit unterscheiden?
Wenn ihr erfahren wollt, was daraus entsteht, wenn sich jemand mit so viel Fantasie wie Paul Maar eine solche Frage stellt, greift einfach mal zu *Lippels Traum*.

Übrigens 2: Nach dem Ende des Zweiten Weltkriegs verteilten amerikanische Soldaten Kaugummis und Schokolade an deutsche Kinder, um ihnen zu zeigen, dass sie keine Angst mehr vor ihnen haben mussten. Doch Pauls Oma Kuni traute dem Frieden nicht. Und als ein schwarzer GI (»Dschi Ei« ausgesprochen – so nannte man die amerikanischen Soldaten) auch Paul eine Tafel Schokolade in die Hand drücken wollte, lehnte sie das entschieden ab: Schließlich hätte die Schokolade ja vergiftet sein können. Der GI wollte sie beruhigen und sagte: »It's a gift.« Das heißt auf Deutsch: »Das ist ein Geschenk.« Weil Oma Kuni aber kein Englisch verstand, meinte sie empört: »Da siehst du's. Er gibt's sogar noch zu.«

Übrigens 3: Auf die Idee zu den *Sams*-Büchern brachte Paul Maar ein überaus schüchterner Büroangestellter seines Vaters – Herr Wenner. Als Kind beobachtete Paul oft, wie gemein Herr Wenner von seinem Vater behandelt wurde. Der kleine Paul mochte den zurückhaltenden Mann und die freundlich-bescheidene Art, in der er den Attacken seines Vaters standhielt, sehr. So sehr, dass er ihn später als Herr Taschenbier wiederauferstehen ließ. Und damit Herr Taschenbier in den *Sams*-Geschichten nicht genauso ungerecht behandelt werden konnte wie sein Vorbild Herr Wenner, stellte Paul Maar dem braven Mann das chaotische, freche, witzige und selbstsichere Sams zur Seite. Und mit ihm die Wunschmaschine, die dann allerdings schon in *Am Samstag kam das Sams zurück*, dem zweiten Buch der Reihe, wieder ihren Geist aufgab und machte, was sie wollte.

Paul Maars bester Freund Frantz schrieb regelmäßig die besten Schulaufsätze. Deshalb nannten ihn seine Mitschüler nur »Frantz, den Dichter«. Auch Paul Maar hatte Freude am Schreiben, aber weil er damals bereits Titelblätter und Schaufenster gestaltete und bei Plakatwettbewerben Preise gewann, war er in der Schule für alle »Paul, der Maler«. Und er nahm sich vor, später einmal Maler und Grafiker zu werden.

Erst als Frantz ein Jahr nach dem Abitur bei einem Radrennen ohnmächtig vom Fahrrad fiel und starb, löste sich Paul Maar von dieser inneren Festlegung: »Schreiben tut der Frantz. Ich bin nur der, der malt.«

Dass aus »Paul, dem Maler« dann tatsächlich »Paul, der Dichter (und Maler)« wurde, haben wir vor allem seiner späteren Frau Nele zu verdanken. Die beiden haben sich nämlich schon am Ende ihrer Schulzeit kennen- und lieben gelernt. Und weil Neles Eltern ein Theater leiteten, konnte Paul Maar schon sehr bald beweisen, dass er nicht nur gute Bühnenbilder und Illustrationen anfertigen, sondern auch wunderbar schreiben konnte. Wenn auch zunächst noch keine Kinderbücher, sondern Theaterstücke.

Dass Paul Maar eines Tages sein erstes Kinderbuch schrieb, kam so: Er war inzwischen Vater geworden und musste seinen Kindern vor dem Einschlafen Geschichten erzählen. Selbst ausgedachte Geschichten. Und zwar, weil er viele der damals existierenden Kinderbücher ziemlich schrecklich fand. Eine seiner Geschichten handelte von einem tätowierten Hund, und sie gefiel ihm so gut, dass er sie sogar aufschrieb und an einen Verlag schickte. Als er dann mit dem Verleger zusammensaß, der den *Tätowierten Hund* veröffentlichen wollte, fragte der ihn: »Werden Sie denn noch mehr Kinderbücher schreiben?« Da wollte Paul Maar ein bisschen angeben und sagte, nein, er wolle bloß noch »richtige« Bücher schreiben. Bücher für Erwachsene nämlich. »Wenn das so ist«, meinte der

Verleger, »können Sie Ihr Manuskript gleich wieder einpacken und nach Hause fahren. Ich kann nur jemand gebrauchen, der Kinderbücher schreibt. Richtige Kinderbücher. Am besten jedes Jahr eins.«

Wie die Geschichte ausgegangen ist? Nun, die Tatsache, dass es von Paul Maar bis jetzt schon mehr als fünfzig Kinderbücher gibt, zeigt, dass er auf seinen Verleger gehört und ohne sein Manuskript nach Hause gefahren ist.

»Ich liebe das Lachen, weil es das Leben erträglicher macht.«

ANDREAS STEINHÖFEL

Das Schöne an diesem Kapitel ist, dass ich mir Andreas Steinhöfels Kindheitserinnerungen – anders als bei den meisten der hier versammelten Autorinnen und Autoren – nicht aus seinen Büchern zusammensuchen musste. Zum Beispiel aus *Dirk und ich, Anders* oder den Geschichten über *Rico* und *Oskar.* Stattdessen konnte ich mein Arbeitszimmer für zwei Tage verlassen und ihn direkt danach fragen. Höchstpersönlich. Live und in Farbe.

Andreas Steinhöfel wurde am 14. Januar 1962 geboren, in dem kleinen hessischen Städtchen Battenberg. Und auch auf ihn trifft zu, was Paul Maar im letzten Kapitel über seine Kindheit berichtet hat. Ja, was Andreas Steinhöfel mir über seinen Vater erzählt hat, war zum Teil sogar noch schlimmer. Doch dann meinte er plötzlich: »So absurd es klingt: Alles, was mein Leben, meine Bücher ausmacht, liegt in diesem Unglück begründet.« Und vielleicht ist genau dies das Geheimnis hinter seinen Geschichten.

Zum Glück gab es neben seinem Vater auch noch seine liebevolle Mutter, die ihm und Andreas' Brüdern jeden Abend aus Märchenbüchern vorlas. Und die enge Beziehung zu seinen Brüdern.

Selbst gelesen hat Andreas Steinhöfel dann schon von seinem fünften Lebensjahr an. Er hat es sich sogar selbst beigebracht, weil Bücher das Einzige waren, was ihn vor seinem Vater und dessen unberechenbaren Übergriffen schützte. Denn bloß, wenn Andreas ein Buch vor der Nase hatte, ließ sein Vater ihn in Ruhe. Für den jungen Andreas Steinhöfel war das Lesen eine Zuflucht. Er hatte das Gefühl: »Solange ich mit meinen Gedanken in meinem Buch bin, kann mir niemand etwas anhaben.«

Die Erinnerung an all die Geschichten, die er damals gelesen, erlebt oder sich ausgedacht hat, hat er in seinem Bauch aufbewahrt. Fast zwanzig Jahre lang. Und genau das steckt wohl dahinter, wenn er heute sagt: »Ich schreibe in der Regel aus dem Bauch.«

Weil Andreas als Kind zwar gerne gelesen hat, aber absolut keinen Spaß daran hatte, sich in den Schulpausen rumzuprügeln, wurde er regelmäßig gemobbt. In den Augen seiner Mitschüler war er wohl »kein richtiger Junge«. Und sportlich war er auch nicht. Als der Schwimmlehrer die Jungs einmal eine Viertelstunde lang mit hinter dem Rücken verschränkten Armen ihre Bahnen ziehen ließ, hatte Andreas die Nase gestrichen voll und wehrte sich, indem er sich einfach untergehen ließ. Doch so unbeliebt er bei den Jungs war, so sehr mochten ihn die Mädchen. Erst als seine Mitschüler ein paar Jahre später anfingen, sich für Mädchen zu interessieren, war es plötzlich Andreas, zu dem sie nett sein mussten, damit er ein gutes Wort für sie einlegte.

Als Andreas zwölf Jahre alt war und sein Bruder Dirk zehn, machten ihre Eltern einen Taxibetrieb auf. Von diesem Moment an mussten die beiden Brüder ihre Nachmittage in der häuslichen Vermittlungszentrale verbringen, und das, obwohl Kinderarbeit da bei uns in Deutschland bereits seit mehreren Jahren verboten war. Es waren sehr lange Nachmittage, dauerten sie doch regelmäßig bis ein oder zwei Uhr nachts. Andreas blieb so kaum noch Zeit, Freunde zu finden.

Aber das Ganze hatte auch etwas Gutes: Dadurch kannte er schon bald fast jeden und jede in Biedenkopf, wohin die Familie mittlerweile umgezogen war. Bereits in den Jahren zuvor hatte er seine Beobachtungsgabe geschult. Vor allem bei seinen vielen Streifzügen durch die Wälder von Biedenkopf. Doch nun fing er an, diese Beobachtungsgabe auch auf die Einwohner der kleinen Stadt und ihr Verhalten anzuwenden. Und das ist, wenn vielleicht auch kein Geheimnis, so doch eine der wichtigsten Voraussetzungen für jeden, der einmal Bücher schreiben will. Denn selbst wenn wir uns die Personen einer Geschichte bloß ausdenken – um trotzdem »wahr« zu sein, müssen sie in sich stimmen. So wie Rico Doretti aus Andreas Steinhöfels Buch *Rico, Oskar und die Tieferschatten* zum Beispiel. Der denkt zwar ganz anders als die meisten von uns, wird aber so wunderbar beschrieben, dass wir ihn sofort vor uns sehen und uns kein bisschen wundern würden, wenn er plötzlich um die Ecke böge.

Nur gegen die Unberechenbarkeit seines Vaters konnte Andreas' wachsende Beobachtungsgabe leider nichts ausrichten. Seine ständige Angst vor dessen Wutausbrüchen überwand Andreas erst, als sein Vater anfing, auch den zwölf Jahre jüngeren Bruder Björn zu schlagen. Da drohte er seinem Vater, das nicht noch einmal zu versuchen. Mit dem Messer. Und mit Erfolg.

Andreas Steinhöfel fing erst ziemlich spät an zu schreiben, mit knapp dreißig. Wenn man ihn fragt, wann und warum er sein erstes Kinderbuch geschrieben hat, erzählt er gerne seine
»Hollywood-Version«:

Als sein Bruder Dirk, der inzwischen als Illustrator arbeitete, eine Geschichte für einen Verlag illustrieren sollte, drückte er sie Andreas mit der Bitte in die Hand, ihm zu sagen, welche Textstellen dafür am besten geeignet wären. Andreas fand jedoch die gesamte Geschichte so ärgerlich, dass er sich noch am selben Abend hinsetzte, selbst eine Geschichte zu Papier brachte und sie dem Verlag mit der Bemerkung zuschickte: »Unter einer Geschichte für Kinder stelle ich mir etwas Spannenderes vor. Und vor allem etwas Humorvolleres.« Zum Glück waren die Leute im Verlag nicht beleidigt, sondern erkannten, wie gut dieser junge Mann schreiben konnte. Das Ergebnis war *Dirk und ich*, ein Buch mit Geschichten aus Andreas' Kindheit. Wahren und erfundenen. Und mit einem Vater, so wie er ihn sich gewünscht hätte.

Übrigens 1: Es gibt ein weiteres Geheimnis hinter den Geschichten von Andreas Steinhöfel. Das sind die fünf Voraussetzungen, die seiner Meinung nach jeder beherzigen sollte, der Kinderbücher schreiben will:
Erstens: Versuche, die Ordnung im Leben wiederherzustellen. Und wenn sich das in der Realität gerade nicht machen lässt, dann wenigstens in der Fantasie. Mach den jungen Lesern und Leserinnen Hoffnung. Wieder und wieder und wieder.
Zweitens: Sei ein aufmerksamer Beobachter und pass auf die Kinder auf. So wie ein Ranger auf die Tiere in seinem Park.
Drittens: Trage »einen Splitter aus Eis im Herzen«. Das ist ein Zitat von Graham Greene, einem berühmten englischen Autor. Es bedeutet, dass ein Schriftsteller seine Beobachtungen nicht durch einen Vorhang trüben darf. Egal, ob dieser nun aus Mitleid gewebt ist oder aus Tränen. Und er darf keine gefärbte Brille aufsetzen. Egal, ob diese rosa ist oder grau.
Viertens: Lass in deiner Geschichte keine Tiere sterben: »Man kann Leute umbringen auf dem Papier, das ist für Kinder kein Problem – aber keine Katze.« Und denk dir ein glückliches Ende aus. »Kinder wollen ein Happy End: am liebsten Papa, Mama, Hund.« Im wahren Leben hat Andreas übrigens einen kleinen, quicklebendigen und obersüßen Hund:

eine »Müllkippenmischung«, die er aus Spanien mitgebracht hat. Sie heißt Pola (Cola mit P).
Fünftens: Schreibe deine Bücher so, dass die Kinder merken: Ich bin nicht allein.

Übrigens 2: Andreas Steinhöfel tut in seinen Büchern nicht so, als wäre das Leben ein ständiges Zuckerschlecken, bloß weil sie für Kinder sind. Auch Sätze, an denen ihr euch verschlucken könntet, findet er okay. Schließlich weiß er aus eigener Erfahrung, dass noch kein Kind an einem Nebensatz gestorben ist. Außerdem schreibt er fast nur über Figuren, die mehr als eine Seite haben. Denn Menschen, die immer bloß toll oder ständig fies sind, gibt es nicht. Und Bücher, die das Gegenteil behaupten, sind nicht nur langweilig, sie sind auch nicht wahrhaftig. Und ob sie das sind – wahrhaftig nämlich –, hängt auch nicht davon ab, ob sich alles genau so abgespielt hat, wie es geschrieben steht.

Übrigens 3: Andreas Steinhöfel hat als Kind die Bücher von Enid Blyton genauso gern gelesen wie die Sagen von Gustav Schwab oder *Dracula* und *Frankenstein*. Nicht zu vergessen die vielen Hundert Horrorheftchen von *Professor Zamorra* & Co, die er jahrelang verschlungen hat. Geschadet hat ihm das nicht. Und er weiß: Es gibt Nichtleser, die sind wunderbare Menschen. Und Vollidioten mit rappelvollen Bücherschränken.

Auf die Frage »Was ist für Sie das vollkommene Glück auf Erden?« hat Andreas Steinhöfel einmal geantwortet: »Vor dem Fernseher zu liegen und dabei Süßigkeiten in mich reinzustopfen, ohne dabei dick und doof zu werden.« Diesem Glück ist er am Abend meines Besuches ziemlich nahe gekommen. Irgendwann lagen wir beide nämlich vor dem Fernseher. Die Süßigkeiten habe allerdings nur ich gegessen.

»Jede wirkliche Geschichte ist eine unendliche Geschichte.«

MICHAEL ENDE

Anders als Christine Nöstlinger, Erich Kästner, Roald Dahl oder Paul Maar hat Michael Ende sich ausdrücklich dagegen gewehrt, etwas über sein Leben zu schreiben. Zum einen, weil er es nicht erzählenswert fand. Und zum anderen, weil er fürchtete, dass er dann in Teufels Küche käme. Wie genau die aussehen würde, hat er uns aber leider nicht verraten.

An mangelnder Fantasie kann das allerdings nicht gelegen haben. Schließlich hat kaum ein anderer deutscher Kinderbuchautor seine Heldinnen und Helden in fantastischere Welten geschickt als Michael Ende. Den kleinen Jim Knopf und Lukas den Lokomotivführer von Lummerland nach Mandala. Momo im Schlepptau der Schildkröte Kassiopeia von der Ruine ihres kleinen Amphitheaters ins Nirgendhaus zu Meister Hora. Und Bastian Balthasar Bux führt seine unendliche Geschichte sogar direkt ins Zentrum aller Vorstellungskraft, nach Phantásien. Und mit ihm Millionen von Lesern und Leserinnen in aller Welt.

Aber Michael Ende hat seine Figuren und uns auch jedes Mal wieder in die Wirklichkeit zurückgeholt. Ihm war die Welt der Fantasie zwar sehr wichtig, aber er wollte nicht, dass wir dort verloren gehen. Und da haben wir wahrscheinlich schon eins der ganz speziellen Geheimnisse hinter Michael Endes Geschichten gelüftet. Denn gerade darin bestand für ihn die Macht der Fantasie – dass sie uns dabei hilft, uns besser in unserer ganz realen Welt zurechtzufinden.

Michael Ende wurde am 12. November 1929 in Garmisch geboren, dem heutigen Garmisch-Partenkirchen. Ähnlich wie Tove Jansson ist auch er in einem Künstlerhaushalt aufgewachsen. Zwei Jahre lang in einer Wohnung in Garmisch, über dem kleinen Spitzen- und Edelsteinladen seiner Mutter Luise und einer privaten Leihbücherei. Und dann, bis zu seinem sechsten Lebensjahr, in einer alten, großen Villa am Rande von München. Michaels Vater war der fantastische Maler Edgar Ende. Fantastisch im doppelten Sinne. Erstens, weil seine Bilder so schön waren, und zweitens und vor allem wegen der Wahl seiner Motive. Die schienen allesamt aus irgendeinem Fantasyroman zu stammen, und das zu einer Zeit, wo es diese heute so beliebten Bücher bei uns noch gar nicht gegeben hat.

Der junge Michael Ende war Tag und Nacht von den Traumlandschaften seines Vaters umgeben. Entsprechend stark war der Eindruck, den sie bei ihm hinterlassen haben. Kein Wunder also, dass er sich später so sicher in den Welten der Fantasie bewegen und zurechtfinden konnte. Sicherer als die meisten von uns im »echten« Leben.

Doch so fantastisch Edgar Endes Gemälde auch waren – seine sehr persönliche Art, die Welt zu betrachten und darzustellen, passte ganz und gar nicht in das Weltbild der damaligen Machthaber in Deutschland. Ebenso wenig wie schon die Bücher von Erich Kästner, die Kritiken von Judith Kerrs Vater Alfred oder die in aller Öffentlichkeit geäußerten Ansichten von Christine Nöstlingers Oma. Also erteilten die Nazis dem Maler ein Verbot, seine Bilder weiterhin auszustellen oder zu verkaufen. Das hatte zur Folge, dass Michaels Mutter Luise neben ihren Aufgaben im Haushalt auch noch für den bescheidenen Lebensunterhalt sorgen musste. Und da sie ihren Laden nicht mehr hatte, erlernte sie auf die Schnelle den Beruf einer Heilgymnastikerin und Masseurin. Ihr Tag begann nun schon in den frühen Morgenstunden und reichte bis in den späten Abend hinein. Diese doppelte Belastung führte nach und nach zu immer heftigeren Auseinandersetzungen zwischen ihr und Michaels Vater. Nicht zuletzt darüber, wer sich wann um den Sohn kümmern konnte. Und so bekam Michael das Gefühl, er wäre das eigentliche Problem und an allem schuld.

Zum Glück gab es einen Ort, an den er sich flüchten konnte, wenn die ständigen Streitereien seiner Eltern ihm zu viel wurden. Gleich nebenan, im Nachbarhaus, lebte ein Mann, den alle nur Fanti nannten und dem die Kinder nachliefen wie dem Rattenfänger von Hameln. Dabei sah er auf den ersten Blick geradezu zum Fürchten aus. Er hatte sich nämlich als junger Mann aus Liebeskummer sein Leben nehmen wollen und dabei ein Auge verloren. Quer durch sein Gesicht zog sich eine große Narbe. Später hat Michael Ende einmal gesagt, dass sein Lukas in *Jim Knopf und Lukas der Lokomotivführer* im Andenken an Fanti entstanden sei. Auch wenn Lukas noch mit beiden Augen sehen kann und sein Gesicht nicht durch eine Narbe entstellt ist. Der kleine Jim Knopf dagegen hat nach dem, was sein Autor selbst darüber gesagt und geschrieben hat, kein Vorbild. Diese Figur ist Michael Ende erst eingefallen, nachdem das Paket, in dem Jim schließlich gefunden wird, schon auf der Insel Lummerland eingetroffen war und Frau Waas von König Alfons aufgefordert wird, es zu öffnen.

Doch zurück zu Fanti: Er war ein großartiger Märchenerzähler, der seine wilden Fantasiegeschichten nicht bloß selbst erfand, sondern diesen mit wundervollen Illustrationen noch zusätzliches Leben einhauchte. Auch er war nämlich Maler, genau wie Michael Endes Vater, und hatte seine Wohnung von oben bis unten mit Märchenbildern ausgemalt. Durch ihn erfuhr Michael Ende zum ersten Mal am eigenen Leibe, wie hilf- und trostreich Geschichten sein können, die einen in die Welt der Fantasie entführen. Die Kinder hatten so großes Vertrauen zu diesem Mann, dass Michael und sein damaliger Freund Hartmut sogar Schutz und Rat bei ihm suchten, nachdem sie einmal versucht hatten, eine Straßenbahn zum Umkippen zu bringen. Dazu hatten sie Wackersteine auf die Schienen gelegt. Und tatsächlich, die Trambahn sprang aus den Gleisen, nur umkippen tat sie glücklicherweise nicht. Rückblickend bezeichnete Michael Ende die Jahre bis zu seinem sechsten Lebensjahr als die glücklichsten seiner gesamten Kindheit.

Noch etwas ereignete sich in dieser Zeit, das Michael Endes späteres Leben und Schreiben stark beeinflussen sollte. Eines Herbsttages kam ein Grüppchen abgerissener Zirkusleute auf einem von einem mageren Pferdchen gezogenen, klapprigen Wagen in die Stadt und machte auf einer nahen Wiese halt. Dieser Zirkus war so arm, dass er sich nicht mal ein Zelt leisten konnte. Also gaben die

Artisten ihre Vorstellung unter freiem Himmel. Es waren eine Kunstreiterin, ein Clown und ein Seiltänzer. Eine feste Unterkunft zum Überwintern hatten sie natürlich auch nicht. Bis ihnen eine wohlhabende Nachbarin der Endes zur großen Freude von Michael und den anderen Kindern das Angebot machte, den Winter im geräumigen und warmen Keller ihrer Villa zu verbringen. Die Zirkusfamilie bedankte sich dafür, indem sie die kommenden Wochen und Monate dazu nutzte, ihrem jungen Publikum einiges von dem beizubringen, was die Kinder bei den Vorstellungen so sehr in den Bann gezogen hatte: akrobatische Kunststücke, Zaubertricks und wie man sich am besten schminkt und verkleidet. Die Gruppe von Gauklern tauchte später vor allem in Michael Endes Theaterstücken öfters wieder auf. Die Theaterstücke waren zwar fast immer für Erwachsene, lagen ihm aber mindestens so sehr am Herzen wie seine Kinderbücher.

1935, Michael war sechs Jahre alt, konnten die Endes sich die Wohnung in dem großen Haus nicht mehr leisten. Also zogen sie in eine sehr bescheidene Atelierwohnung, direkt unter dem Dach eines Mietshauses im Münchener Künstlerviertel Schwabing. Eigentlich bestand die Wohnung nur aus einem einzigen, ziemlich heruntergekommenen Atelierraum, in dem die drei Endes jetzt Platz finden mussten. Gemeinsam mit einer ganzen Schar ungebetener Gäste allerdings – Dutzenden von blutsaugenden Wanzen. Die raubten Michael und seinen Eltern oft den Schlaf und waren durch kein Mittel zu vertreiben. Das einzig Schöne an diesem neuen Zuhause war das gewölbte Glasdach, durch das der große Raum vom Himmel getrennt wurde. Tagsüber zogen Schwäne majestätisch darüber hinweg, auf ihrem Weg zum nahe gelegenen Englischen Garten. Doch besonders hilfreich war das Glasdach nachts. Da konnte der Junge sich, wenn die Wanzen ihn wieder mal nicht schlafen ließen, durch den Blick in den Sternenhimmel wegträumen und in andere Welten flüchten.

Sich in andere Welten flüchten – das ist auch das Geheimnis hinter Michael Endes erstem Kinderbuch, das von Jim Knopf und Lukas dem Lokomotivführer. Michael Ende war damals achtundzwanzig und schrieb das Buch nur, um seiner damaligen Lebenssituation zu entfliehen. Denn die war zu jener Zeit alles andere als leicht. Privat, beruflich und finanziell. Also setzte er sich hin und schrieb frei, spielerisch und ohne zu wissen, wohin diese Reise ihn führen würde, drauflos.

Fünfhundert Seiten. Mit der Hand. In Dutzende von linierten Schreibheften. So viele, dass am Ende nicht bloß ein Buch daraus wurde, sondern gleich zwei: *Jim Knopf und Lukas der Lokomotivführer* und *Jim Knopf und die Wilde 13.*

Übrigens 1: Die kleine Tochter einer bekannten deutschen Politikerin hatte die Geschichten von Jim und Lukas mit großer Begeisterung gelesen und im Fernsehen angeschaut. Als sie mit ihrer Mutter in der Kirche saß und der Pfarrer verkündete: »Wir lesen jetzt das Evangelium nach Lukas …«, drehte sie sich zu ihr um und flüsterte: »Au, der ist gut, den kenn ich!«

Übrigens 2: Michael Ende ging es beim Schreiben seiner Bücher immer fast so wie uns beim Lesen. Bei Jim Knopf zum Beispiel schrieb er den ersten Satz, »Das Land, in dem Lukas der Lokomotivführer lebte, hieß Lummerland und war nur sehr klein«, ohne zu wissen, was danach kommen würde. Deswegen stehen in seinen Romanen sehr oft Sätze wie »Jetzt bin ich aber gespannt, wie die Geschichte weitergeht« oder »Du wirst sehen, dass alles gut gehen wird«. Michael Ende vertraute darauf, dass die Figuren ihn sicher durch die Geschichte führen würden. Selbst wenn er auf manche Lösung mehrere Wochen warten musste. Dadurch wurde das Schreiben für ihn selbst jedes Mal zu einem ebenso großen Abenteuer wie für seine Heldinnen und Helden und uns Leser und Leserinnen.

Übrigens 3: Ob die grässliche Lehrerin Frau Mahlzahn in *Jim Knopf* (die im wahrsten Sinne des Wortes ein Drache ist) oder die aggressiven Mitschüler, die Bastian Balthasar Bux in der *Unendlichen Geschichte* das Leben zur Hölle machen – die Schule kommt in den Romanen von Michael Ende nicht gut weg. Das hat sicher etwas mit seinen eigenen Schulerfahrungen zu tun. Die waren zwar nicht ganz so schlimm wie die von Roald Dahl. Trotzdem lernte er lieber aus Büchern, vom Zusammensein mit seinen Freunden und durch seinen Umgang mit Tieren. Von denen gab es bei ihm zu Hause mehr als genug: Fische, Kater, Vögel, Eidechsen, Mäuse und Schildkröten. Und das, obwohl es in der kleinen Atelierwohnung doch eh schon zu eng war. Kein Wunder also, dass sich einige der Tiere – zum Beispiel die Schildkröten Kassiopeia und Morla – später lieber in Michael Endes Geschichten geflüchtet haben.

Nicht immer ist es so leicht, einen Verlag für sein erstes Buch zu gewinnen, wie bei Andreas Steinhöfel. Das musste auch Michael Ende erfahren. Bevor sich ein Verlag dazu entschloss, *Jim Knopf* zu veröffentlichen, hatte Michael Ende das dicke Manuskript schon an ein knappes Dutzend anderer Verlage geschickt und bloß mehr oder weniger freundliche Absagen bekommen. Da wäre also auch schon *Jim Knopf* fast zu einer unendlichen Geschichte geworden. Doch zum Glück ließ Michael Ende sich davon nicht entmutigen und versuchte es immer weiter. Sonst wäre ihm vielleicht nichts anderes übrig geblieben, als den kleinen Jim Knopf wieder zurück in das Paket zu stopfen, und wir hätten nie von ihm erfahren.

»Der Mensch braucht Geschichten, wie er sein tägliches Brot braucht.«

OTFRIED PREUSSLER

Wenn man sich – so wie wir – auf die Suche nach dem Geheimnis hinter den Geschichten macht, darf man eine andere Sache nicht aus den Augen verlieren, die mindestens genauso wichtig ist. Und das ist das Geheimnis des *Geschichtenerzählens*. Mit dem hat es nämlich angefangen, viele Tausend Jahre, ehe die ersten Menschen auf die Idee gekommen sind, die mündlich erzählten Geschichten zunächst auf Pergament- und Papyrusrollen und später dann in Büchern festzuhalten. Auch im Leben von Otfried Preußler haben mündlich erzählte Geschichten schon lange eine große Rolle gespielt, bevor er damit anfing, Kinderbücher wie *Die kleine Hexe, Der kleine Wassermann, Der Räuber Hotzenplotz* oder *Krabat* auch auf Papier zu verewigen.

Geboren wurde Otfried Preußler am 20. Oktober 1923, im selben Jahr wie Judith Kerr. Aber im Gegensatz zu ihr nicht in der Großstadt Berlin, sondern in dem böhmischen Städtchen Reichenberg, das heute Liberec heißt und in Tschechien liegt. Sein Vater Joseph und seine Mutter Erna waren beide Lehrer. Dementsprechend wuchs Otfried Preußler in einem Haushalt auf, in dessen Bibliothek sich mehrere Tausend Bücher befanden und nicht nur drei wie bei Paul Maar. Dort konnten er und sein jüngerer Bruder Wolfhart nach Lust und Laune herumstöbern.

Allerdings war es ein Buch, das nicht in dieser Bibliothek stand, das einen größeren Eindruck auf die beiden Brüder machte als alle dort versammelten Bilder-, Kinder- und Sagenbücher zusammen. Und das, obwohl die beiden Jungs dieses Buch kein einziges Mal zu Gesicht bekommen haben. Das kam so: Ihre Großmutter Rosa war eine wunderbare Geschichtenerzählerin. Viele ihrer Geschichten hatte sie schon gehört, als sie selbst noch ein Kind gewesen war. Das ist nun schon mehr als hundertfünfzig Jahre her. Damals gab es statt Autos und Lastwagen noch Kutschen und Pferdefuhrwerke. Die Pferde schafften höchstens hundert Kilometer pro Tag. Deswegen befanden sich überall Poststationen und Fuhrmannsherbergen. So eine Herberge hatte auch Rosas Vater. Dort verkürzten die Kutscher sich die langen Abende, indem sie einander Sagen und Geschichten aus ihrer Heimat erzählten. Und aus diesem damals aufgesogenen Schatz bediente sich die Großmutter bis in ihr hohes Alter. Doch holte sie die Geschichten nicht einfach nur aus ihrem Gedächtnis hervor, sondern veränderte sie jedes Mal, wenn sie sie wieder zum Leben erweckte. Je nachdem, was ihr dazu Neues einfiel.

Von der Großmutter hörte der kleine Otfried zum ersten Mal vom Wassermann, der in der nahe gelegenen Iser hauste. Von Hexen und Hutzelweibern, verwunschenen Schätzen im Wald und von allerlei Nachtgespenstern. Seine Lieblingsgeschichten aber waren die vom kleinen Däumling. Der war so schlau und gewitzt, dass er dem Räuber Schmirgel ein Schnippchen schlug. Und dem gierigen Kater Sansibar. Und dem Gendarmeriepostenkommandanten Hawlitschek.

Immer verstand es die alte Rosa, ihre Geschichten so zu erzählen, als hätten sie sich direkt in der Nachbarschaft zugetragen, was deren Eindruck auf die Brüder natürlich noch erhöhte. Und wenn die Kinder sie – so wie Nelio mich – danach fragten, ob sich das denn alles auch wirklich so abgespielt hätte, dann nickte sie nur mit dem Kopf und verwies auf ihr dickes, altes Geschichtenbuch. In dem könnte man es schließlich jederzeit nachlesen. Doch wenn die Jungen das Buch sehen wollten, war das auf wundersame Art und Weise gerade nicht möglich. Die Ausreden der Großmutter waren fast so fantasievoll wie ihre Geschichten. Mal wollte sie das Buch verliehen haben, dann wieder hatte sie es zum Buchbinder gegeben, weil es sonst auseinanderzufallen drohte. Oder sie hatte es verlegt oder, oder, oder. Trotzdem – für Otfried Preußler blieb dieses dicke Buch, das es nie gegeben hat, das wichtigste in seinem Leben. Dem Erzähltalent seiner Großmutter Rosa hatte er es zu verdanken, dass er schon sehr früh lernte, wie man Kindern Geschichten erzählt.

Welche Möglichkeiten und wie viel Spaß unsere Sprache uns bietet, merkte Otfried Preußler dann, als er in die Grundschule kam. Nicht so sehr in der Schule selbst, sondern zu Hause, wenn er unter den Augen seiner Mutter die Hausaufgaben machte. Denn immer, wenn er nicht weiterwusste oder die Lust verlor, griff sie ihm unter die Arme. Dann ergänzte sie die zum Teil recht langweiligen Aufgaben durch Vorschläge, spielerisch damit umzugehen. Dadurch lernte Otfried Preußler unendlich viel für seinen späteren Beruf als Schriftsteller.

Doch es gab noch eine dritte Quelle in Otfried Preußlers Kindheit, aus der er später als Autor schöpfen konnte. Sein Vater sammelte nämlich, neben seinem Beruf als Lehrer, Märchen, Sagen und Geschichten. Dazu wanderte er in der näheren und entfernteren Gegend umher und ließ die Leute erzählen. Diese zum Teil uralten Geschichten, die bis dahin von Generation zu Generation nur mündlich weitergegeben worden waren, schrieb er dann auf. Genauso, wie es vor ihm schon die Gebrüder Grimm mit ihren Märchen gemacht hatten.

Bei diesen Streifzügen durfte Otfried seinen Vater immer mal wieder begleiten. Dann saßen sie beim Schein einer Petroleumlampe am Tisch in der bescheidenen Stube irgendeiner Bauern- oder Weberfamilie und lauschten den uralten Geschichten. Und der Vater schrieb das Erzählte in einer winzigen, krakeligen Kurzschrift in sein Notizbuch. Die konnte allerdings außer ihm niemand entziffern, manchmal sogar er selbst nicht. Für den damals achtjährigen Otfried Preußler waren das unvergessliche Abende voller dunkler Geheimnisse und Schauder. Und voller Geborgenheit.

Dass Geschichten uns Menschen sogar dann helfen können, wenn wir mit lebensbedrohlichen Situationen fertigwerden müssen, erfuhr Otfried Preußler, als er mit Anfang zwanzig, während des Zweiten Weltkriegs, für einige Jahre in russische Kriegsgefangenschaft geriet. In diesen endlosen Lagernächten fing er zum ersten Mal an, selbst Geschichten zu erzählen, sich und seinen Mitgefangenen. Gegen ihre gemeinsame Verzweiflung, ihren Hunger und ihr Heimweh.

Dabei merkte er, dass der Geschichtenerzähler eine Art Ein-Mann-Theater ist: Er ist sein eigener Regisseur, hat so viele Schauspieler, wie er will, und kann diese auch nach Belieben von einem Schauplatz zum anderen schicken. Egal ob auf der Erde, auf dem Meeresgrund oder auf dem Mond. Und Gespenster hören ebenso auf seine Worte wie Hexen oder Zauberer.

Von dieser Freiheit machte Otfried Preußler auch dann noch nach Herzenslust Gebrauch, als er anfing, seine Geschichten niederzuschreiben. Da war er – wie so viele andere in diesem Buch – Anfang dreißig, frischgebackener Lehrer und Vater von zwei kleinen Mädchen, denen er jeden Abend Geschichten erzählte. Von einem Wassermann. Der gefiel Otfried Preußlers Töchtern so gut, dass sie ihm schon am nächsten Morgen sagten, wie die Geschichte am Abend weitergehen sollte. Irgendwann waren so viele Geschichten zusammengekommen, dass Otfried Preußler auf die Idee kam, sie aufzuschreiben und an einen Verlag zu schicken.

Zunächst erhielt auch er einige Absagen. Doch dann, im Jahr 1956, wurde *Der kleine Wassermann* veröffentlicht. Dafür verantwortlich war Lotte Weitbrecht, dieselbe Verlegerin, die vier Jahre später auch *Jim Knopf* herausbringen sollte. Ich erwähne sie hier, weil auch Verleger und Lektorinnen (das sind die, die im Verlag mit den Autoren und Autorinnen zusammenarbeiten und sie betreuen) sehr oft eins der Geheimnisse hinter den Geschichten sind.

Denn ohne ihre »Nase«, ihr Gespür für gute Geschichten und ihren Mut wären viele der hier vorgestellten Erstlingsbücher nie erschienen. Und damit natürlich auch all jene nicht, die noch folgten. In Otfried Preußlers Fall also *Die kleine Hexe, Das kleine Gespenst* oder *Der Räuber Hotzenplotz.* Und Preußlers fantastisches Meisterwerk *Krabat,* in dem der gleichnamige Betteljunge seine Seele an den schwarzen Müller verkauft und nur durch die Liebe des Mädchens Kantorka dem unheimlichen Gevatter Tod von der Schippe springt.

Übrigens 1: An keinem seiner insgesamt zweiunddreißig Bücher hat Otfried Preußler länger gesessen als an *Krabat*: zehn Jahre! Dabei wusste er oft monatelang nicht, wie es weitergehen sollte. Als er wieder einmal feststeckte und drauf und dran war, aufzugeben, wollte er die düstere Mühle für eine Zeit aus dem Kopf bekommen und beschloss: »Jetzt schreibst du mal was Lustiges, etwas zum bloßen Spaß – sagen wir eine Kasperlgeschichte. In der alle Personen vorkommen, die zu einem richtigen Kasperlstück gehören.« Und dieser »bloße Spaß« war die Geburtsstunde von seinem wohl erfolgreichsten Buch, dem *Räuber Hotzenplotz.*

Übrigens 2: Hotzenplotz? Kaum einer, der diesen Namen nicht kennt. Na klar, das ist doch der eigentlich gar nicht so fürchterliche Räuber mit der Pfefferpistole. Aber wisst ihr auch, wie er zu seinem Namen gekommen ist? Seht ihr – da wird's schon schwieriger. Otfried Preußler ging es da kein bisschen besser als euch. Er wusste beim Schreiben schon alles über seinen später so berühmt gewordenen Räuber, bloß wie er heißen sollte – das wollte und wollte ihm nicht einfallen: Pistolinski? Nein! Pistolatzki? Unmöglich! Und wie wäre es mit Hetschepetsch? Um Himmels willen, nein! Doch dann fiel ihm ein kleines tschechisches Dorf wieder ein, von dem er in seiner Kindheit gehört hatte: Hotzenplotz am Flüsschen Hotzenplotz. Und da wusste er noch im selben Moment, dass er den richtigen Namen für seinen Räuber gefunden hatte.

Übrigens 3: Ähnlich wie fast alle der hier versammelten Autorinnen und Autoren machte sich auch Otfried Preußler Gedanken über Nelios Frage, wie viel Wirklichkeit in einer Geschichte stecken muss, um wahr zu sein. Aber mindestens so wichtig war ihm, wie er die Fantasie und die Wirklichkeit unter einen Hut bringen konnte. Und zwar nicht bloß unter seinen, sondern unter jeden einzelnen der so unterschiedlichen Hüte, Mützen und Kappen all seiner jungen und alten Leserinnen und Leser. Denn wenn die Fantasie des Autors die Fantasie der Leser nicht erreicht, dann kann der Autor sich noch so sehr ins Zeug legen – seine Geschichte wird nichts sein als eine Ansammlung stummer Buchstaben und Satzzeichen.

Otfried Preußler wurde vor fast hundert Jahren geboren und ist neunundachtzig Jahre alt geworden. »Alt«? Wenn man seine Bücher liest, spürt man davon jedenfalls kein bisschen. Eigentlich ist das auch gar kein Wunder. Zumindest, wenn es nach dem Anfang eines seiner Bücher geht (dreimal dürft ihr raten, welches gemeint ist): »Es war einmal eine kleine Hexe, die war erst einhundertsiebenundzwanzig Jahre alt, und das ist ja für eine Hexe noch gar kein Alter.« Und das gilt eben ganz offenbar nicht bloß für Hexen, sondern auch für Hexenmeister wie Otfried Preußler.

»Ohne die Bücher, die ich gelesen habe, wäre ich ein anderer Mensch.«

KIRSTEN BOIE

Bei unserer Suche nach dem Geheimnis hinter den Geschichten sind wir bislang auch noch auf ein paar andere Geheimnisse gestoßen, die den Zauber von Büchern ausmachen. Im letzten Kapitel zum Beispiel auf das Geheimnis des Geschichtenerzählens. Wenn wir uns nun Kirsten Boie zuwenden, werdet ihr sehen, dass wir ein Geheimnis fast übersehen hätten: das Lesen nämlich. Denn würden wir die Geschichten nicht lesen, blieben auch die Geheimnisse hinter ihnen im Verborgenen. Und ein Geheimnis, von dem niemand erfährt, ist so spannend wie ein Abenteuer, das niemand erlebt. Erst indem wir die Geschichten lesen oder vorgelesen bekommen, erwecken wir sie aus ihrem Dornröschenschlaf und helfen ihnen dabei, lebendig zu werden. In jedem Einzelnen von uns.

Anders als Christine Nöstlinger, Judith Kerr, Michael Ende oder Paul Maar wurde Kirsten Boie nicht in den Jahren vor dem Zweiten Weltkrieg geboren, sondern kurz danach – am 19. März 1950. Und nicht auf dem Land wie Astrid Lindgren und Mark Twain, sondern in dem Hamburger Arbeiterviertel Barmbek. Dort wuchs sie in einer kleinen Wohnung auf – ihr Kinderzimmer hatte weniger als sechs Quadratmeter. Und dem Wohnhaus gegenüber standen sogenannte Nissenhütten. Die hatte man dort aus Wellblech errichtet, weil viele Häuser zerbombt waren und es nicht genügend Wohnraum gab. Wie das Leben von Kindern in den 50ern und Anfang der 60er-Jahre aussah, hat Kirsten Boie später in *Monis Jahr* und *Ringel, Rangel, Rosen* beschrieben, zwei ihrer insgesamt über hundert Kinderbücher.

Die Stadtkinder spielten damals mit Vorliebe auf den Trümmergrundstücken, obwohl (oder weil?) es wegen der einsturzgefährdeten Ruinen und der Bomben, die zum Teil noch im Boden steckten, ziemlich gefährlich war. Trotzdem – Kirsten Boie fand die Welt auf den Straßen längst nicht so aufregend wie die in Büchern.

Deswegen ist es kein Wunder, dass auch sie zum Klub derjenigen Autoren und Autorinnen gehört, die schon mit fünf lesen konnten. Sie hat es sich sogar selbst beigebracht. Und das kam so: Auf einem Schild stand der Name *PAPE*. Nun sah die kleine Kirsten, dass in dem Wort zwei Buchstaben gleich waren. Das mussten also die P sein. Klar. Gleichzeitig löste sich das Rätsel, welcher von den beiden übrigen Buchstaben das A war und welcher das E. Damit hatte sie den Schlüssel in die heiß ersehnte Welt der Bücher gefunden und konnte sich von diesem Moment an nicht mehr »gegen das Lesen wehren«. Das ist bis heute so geblieben: Sobald sie etwas Geschriebenes sieht, muss sie es lesen!

Obwohl die kleine Kirsten ihr frisch erworbenes Wissen damals sofort dazu nutzte, auf Butterbrotpapier auch ihre ersten Geschichten zu schreiben (»Der Hunt beis di Fau« und »Gisula unt der Brant«, zum Beispiel) – nichts tat sie lieber, als zu lesen! Sie las alles, was sie in die Finger bekam: erst einen alten, zerfledderten Band mit gereimten Bildergeschichten von Wilhelm Busch aus der Kindheit ihrer Mutter. Dann – obwohl sie das, was den Kindern dort zugemutet wird, ziemlich schrecklich fand – den *Struwwelpeter*. Die *Mecki*-Bilderbücher, in denen der Redaktions-Igel der Fernsehzeitung *Hörzu* auf Abenteuerreisen geht, gefielen ihr schon besser. Zumal die Bilderbücher sie auf Ideen brachten, was für Geschichten ihre Mutter sich selbst ausdenken und ihr erzählen sollte.

An die Titel der Bücher, die sie danach geschenkt bekommen hat, kann Kirsten Boie sich nicht mehr erinnern. Nur daran, dass ihre Eltern sie nicht im Buchladen kauften, sondern im Tabakladen nebenan. Und dort waren die Bücher nicht etwa nach dem Lesealter geordnet oder nach Autoren, sondern nach ihrem Preis: Je nachdem, wie dick sie waren, kosteten sie 95 Pfennig, 1,95 Mark oder 2,95 Mark. Diese Tabakladenschmöker waren zwar nicht sehr anspruchsvoll – gern gelesen hat die junge Kirsten sie trotzdem. Ebenso wie die Bücher von Enid Blyton. Bis auf *Hanni und Nanni*. Die Geschichten waren ihr zu langweilig.

So richtiges Herzklopfen wegen eines Buches bekam Kirsten Boie dann zum ersten Mal, als sie mit Scharlach im Bett lag und ihr Vater ihr aus *Pippi Langstrumpf* vorlas, einem der vielen Bücher, die er sich von Arbeitskollegen ausleihen musste, weil das Geld nicht reichte, um teure Kinderbücher zu kaufen.

Astrid Lindgrens Geschichten spielten im Leben von Kirsten Boie von diesem Tag an eine große Rolle. Sie lösten in ihr ein großes Glücksgefühl aus. Und eine starke Sehnsucht. Noch heute kann sie das *Kalle Blomquist*-Lied auswendig, mit dem 1955 jede Folge der Hörspielfassung von Astrid Lindgrens Detektivroman im Kinderfunk begann.

Kinderfunk – das war damals, als die Leute noch kein Fernsehen hatten, kein Internet, geschweige denn Smartphones, das einzige Programm, das es für Kinder gab. Die Radiosendung lief einmal pro Woche: eine halbe Stunde. Etwas, das ihr euch heute wahrscheinlich gar nicht mehr vorstellen könnt. Gleichzeitig war die damalige Abwesenheit unseres heutigen Medienallerleis ganz sicher ein Grund dafür, dass das Lesen zu jener Zeit eine sehr viel größere Bedeutung hatte als heute. Schließlich war es die einzige Möglichkeit, dem Alltag etwas entgegenzusetzen. Und der war für die Kinder in den 50er- und 60er-Jahren oft alles andere als leicht und unbeschwert. Deshalb waren lebensfrohe Geschichten wie die von Pippi, Michel aus Lönneberga, Kalle Blomquist und Konsorten auch solche Trostspender.

Trost spenden – das können Bücher sogar, wenn man sie erst Jahre später wieder hervorholt. Das erfuhr Kirsten Boie einen Tag vor ihrer Abiturprüfung am eigenen Leib. Weil die Schüler und Schülerinnen Ende der 60er-Jahre noch nicht gesagt bekamen, in welchem Fach sie geprüft werden sollten, war sie fürchterlich aufgeregt. Da griff sie einfach ins Bücherregal und las ihre *Bullerbü*-Romane. Alle drei. Die haben sie getröstet und so beruhigt, dass sie danach tatsächlich einschlafen konnte.

Genau wie Otfried Preußler arbeitete auch Kirsten Boie nach ihrem Studium zunächst als Lehrerin. Doch dann adoptierten sie und ihr Mann ein Kind. Das bedeutete damals, dass sie ihren Beruf nicht länger ausüben durfte, sondern sich von morgens bis abends ausschließlich um das Kind und den Haushalt kümmern sollte. Doch als Kirsten Boie kurz darauf in der Küche saß und ihren kleinen Sohn fütterte, fiel ihr plötzlich der Anfang einer Kindergeschichte ein. Sie fing an, die Geschichte aufzuschreiben, und stellte fest: »Schreiben war wie Lesen – nur besser!« Daraus wurde ein Jahr später ihr erster Roman *Paule ist ein Glücksgriff*. Und weil sie danach nicht mehr aufhören konnte, Bücher zu schreiben, erwies sich das nicht bloß als ein Glücksgriff für sie, sondern für uns alle.

Mit ihren *Möwenweg*-Büchern hat Kirsten Boie bewiesen, dass man eine so glückliche Kindheit, wie sie Astrid Lindgren in ihren Büchern geschildert hat, nicht bloß auf dem Land erleben kann und im Schweden der 1950er- und 1960er-Jahre. Wer Kirsten Boies Bücher liest, sieht: Ein glückliches Leben ist auch heute noch möglich, in einer ganz normalen deutschen Stadt. Und dass man eine Zeit lang sogar ohne Smartphone und Internet auskommt, erfahren wir in ihren *Sommerby*-Romanen.

Übrigens 1: In einigen Ländern auf dieser Welt sind Kinder jedoch Problemen ausgesetzt, die wir uns in Deutschland kaum vorstellen können. Wie etwa in dem kleinen afrikanischen Königreich Eswatini, dem ehemaligen Swasiland. Dort gibt es mehr als hunderttausend Kinder, die einen oder beide Elternteile durch die Krankheit AIDS verloren haben. Für diese Kinder bedeutet Glück etwas ganz anderes als für uns. Bei ihrer Großmutter unterkommen zu können, zum Beispiel. Und nicht allein leben zu müssen wie die meisten von ihnen.
Über einige dieser Kinder hat Kirsten Boie ein Buch geschrieben. Es heißt *Es gibt Dinge, die kann man nicht erzählen*. Zwar tut sie es dort doch, empfiehlt aber, diese Geschichten besser erst mit dreizehn oder vierzehn zu lesen. Ganz im Gegensatz zu den Krimis von *Thabo, dem Detektiv und Gentleman*. Diese Geschichten spielen zwar auch in Eswatini, aber Kirsten Boie hat sie sich bloß ausgedacht. Und wenn ihr *Kalle Blomquist* so gern gelesen habt wie die junge Kirsten Boie, dann wird euch *Thabo* ganz bestimmt genauso gut gefallen.

Übrigens 2: Wie selbstverständlich es heutzutage für die meisten Kinder ist, dass wir nicht alle gleich aussehen, und wie unbedeutend die Rolle ist, die Hautfarbe und Herkunft dabei spielen, ob und wie sehr wir uns mögen, zeigt folgende Geschichte: Eines Tages schrieb ein Junge Kirsten Boie, er wäre beim Karneval als Thabo gegangen, und er fragte, ob er ihr ein Foto davon schicken sollte. Kirsten Boie ging davon aus, dass auch er schwarz wäre. Doch kurz darauf kam das Foto – ein strohblonder Junge mit Brille. Erst dachte sie, er wollte sie veräppeln, aber dann sah sie: Er trug genau dieselben Sachen wie Thabo und stand auch genauso da wie dieser. Thabos Hautfarbe hatte den Jungen überhaupt nicht interessiert. Er hatte sich einfach mit ihm identifiziert. Genauso gut hätte Thabo ein Chinese sein können, ein Indianer oder einer von den Drei Fragezeichen.

Übrigens 3: Zwanzig Prozent aller Zehnjährigen in Deutschland bleibt das Geheimnis hinter den Geschichten allein deshalb verschlossen, weil sie nicht lesen können oder die Buchstaben zwar kennen, aber nicht wissen, was sie bedeuten!
Deshalb hat Kirsten Boie 2018 ein Bürgerbegehren gestartet, in dem sie und über 100.000 andere Menschen unsere Regierung auffordern, das Lesen im Grundschulalter zu fördern. Jedes Kind, egal aus welchem Elternhaus, sollte in der Schule gut genug lesen lernen, um sich früher oder später auf die Suche nach dem Geheimnis hinter den Geschichten machen zu können.

Wenn Kinder Kirsten Boie bitten, möglichst schnell eine Fortsetzung des gerade von ihnen gelesenen Buches zu schreiben, gibt sie ihnen den Rat, das Buch einfach noch mal zu lesen.

Genau das hat Kirsten Boie in ihrer Kindheit nämlich ebenfalls getan. Wenn auch aus einem anderen Grund: Ein Buch gleich zwei- oder dreimal zu lesen, hat ihr ganz einfach Spaß gemacht. Warum? Weil sie dann beim Lesen bereits wusste, was passieren würde, und sich schon darauf freuen konnte.

»Denn nicht alle Tränen sind von Übel.«

J.R.R. TOLKIEN

Für eine ganze Reihe der in diesem Buch vertretenen Autorinnen und Autoren scheint es das Normalste der Welt gewesen zu sein, sich das Lesen selbst beizubringen, und zwar, schon bevor sie zur Schule gingen. Ob auch das eins der Geheimnisse hinter ihren Geschichten ist? Keine Ahnung. Dass John Ronald Reuel Tolkien, der Autor von *Der kleine Hobbit* und *Der Herr der Ringe*, zu dieser erlesenen Schar gehört, ist zumindest kein Geheimnis. Er lernte Lesen und Schreiben sogar bereits im Alter von vier Jahren! Und dass Tränen nicht immer nur von Übel, sondern manchmal sogar der Anfang von etwas Neuem sein können – auch das hat der kleine John Ronald Reuel schon in sehr jungen Jahren erfahren (müssen).

Zur Welt gekommen war er am 3. Januar 1892, »ein bisschen früh, aber gesund und kräftig«, in Südafrika. Dorthin war sein Vater Arthur Tolkien aufgebrochen, um die Filiale einer englischen Bank zu leiten. Da das Klima dem kleinen, etwas kränklichen John jedoch zu schaden schien, machte seine junge Mutter Mabel sich 1895 mit ihm und seinem zwei Jahre jüngeren Bruder Hilary nach England auf. Arthur versprach, möglichst bald nachzukommen, erkrankte aber schwer und starb einige Monate darauf, ohne seine Familie wiedergesehen zu haben. Deshalb teilte J. R. R. Tolkien das Schicksal von Antoine de Saint-Exupéry, ohne Vater aufwachsen zu müssen.

Schon kurze Zeit später erfuhr der Junge von einer Tante, woher der Name Tolkien eigentlich kam. Einer ihrer Vorfahren habe vor vierhundert Jahren so tapfer an der Seite eines österreichischen Erzherzogs gekämpft, dass dieser ihm 1529 den Beinamen *Tollkühn* verlieh.

Eine gehörige Portion von dieser Tollkühnheit scheint auch in dem kleinen John Ronald gesteckt zu haben: Das bescheidene Haus im ländlichen Sarehole in England, das Mabel Tolkien für sich und die Kinder gefunden hatte, war nur durch eine kleine Straße und eine große Wiese von einer Mühle getrennt. Diese muss, glaubt man Tolkiens Schilderungen, der Mühle am Koselbruch sehr ähnlich gewesen sein, dem Schauplatz von Otfried Preußlers großartigem Roman *Krabat*. Über dreihundert Jahre lang war sie eine ganz normale Kornmühle gewesen. Doch nun diente die *Sarehole Mill* hauptsächlich dem Mahlen von Knochen, um sie in dieser Form als Dünger zu verwenden.

Obwohl es streng verboten war, schlich sich John Ronald mit seinem zweieinhalbjährigen Bruder im Schlepptau immer wieder durch das Grundstückstor, von dem aus sie in die Mühle hineinschauen und den alten Müller und seinen weiß bestaubten Sohn beim Mahlen der Knochen beobachten konnten. So lange, bis der Sohn, den die Jungen »weißer Oger (Menschenfresser)« nannten, sie mit lautem Gebrüll davonjagte. Gut möglich, dass dieser *Oger*, ohne es zu ahnen, das Vorbild für die Orks war, jene missgebildeten Kreaturen, die Tolkiens Geschichten vom Hobbit und vom Herrn der Ringe so unheimlich machen.

Es gehört zu den Besonderheiten von Tolkiens Romanen, dass er allen dort vorkommenden Figuren eine eigene Sprache verliehen hat. Den Hobbits ebenso wie den Elben, Zwergen, Orks und all den anderen. Diese Liebe zu Sprachen machte sich bei ihm schon in jungen Jahren bemerkbar. Während seine Mitschüler sich noch mit den Geheimnissen ihrer Muttersprache Englisch herumschlugen, brachte ihm seine Mutter bereits die Grundlagen des Lateinischen bei. Und bald darauf auch Französisch. Mit zehn dann Griechisch und ein Jahr später Deutsch. Gleichzeitig begann John Ronald zu zeichnen und zu malen. Ganz besonders gern die liebliche Landschaft der heimischen *Midlands,* dem leicht hügeligen Tiefland rund um die Stadt Birmingham. Auch sie findet sich später im *Hobbit* und im *Herrn der Ringe* wieder: als Auenland, die Heimat der Hobbits.

Aber auch das früh erlernte Lesen wird ganz bestimmt seine Spuren hinterlassen haben. So fand Tolkien bereits als Sechsjähriger Gefallen an der ebenso fantasievollen wie absurd-komischen Geschichte *Alice im Wunderland* von Lewis Carroll. Und in George MacDonalds *Die Prinzessin und der Kobold* begegnete er damals zum ersten Mal missgestalteten und bösartigen Fabelwesen. Die in diesem Buch »Goblins« genannten Trolle und Kobolde haben ihn dann ein Leben lang begleitet.

Sein damaliges Lieblingsbuch war jedoch das bei uns leider nie erschienene *Rote Märchenbuch* von Andrew Lang. Es enthielt eine Sammlung von Geschichten aus aller Herren Länder. *Sigurd,* die letzte Geschichte in diesem Buch, bezeichnete Tolkien als die beste, die er als Kind je gelesen hat. Dort erschlägt der Königssohn Sigurd nach sagenhaftem Hin und Her den Drachen Fafnir. Dadurch zog er nicht nur den Fluch Fafnirs auf sich und seine Familie, sondern erweckte im jungen John Ronald zugleich eine lebenslange Sehnsucht nach Drachen. Nicht dass Tolkien sie gern in seiner Nachbarschaft gehabt hätte. »Aber eine Welt, die eine Vorstellung von Fafnir enthielt, war reicher und schöner, so gefahrvoll sie auch sein mochte.«

So viel reicher und schöner, dass es dem Jungen bereits mit sieben nicht mehr reichte, Geschichten von Drachen zu lesen. Stattdessen setzte er sich hin und brachte selbst eine zu Papier. Leider ist sie verloren gegangen. Aber mit dem Drachen *Smaug* schuf Tolkien vierzig Jahre später in seinem Buch *Der kleine Hobbit* ein Ungeheuer, das heute Millionen Kinder auf der ganzen Welt kennen, auch wenn sie von Fafnir noch nie etwas gehört haben.

Als Tolkien zwölf Jahre alt war, starb nach seinem Vater, den er nie kennengelernt hatte, nun auch noch seine Mutter an Diabetes, einer Krankheit, die damals im Gegensatz zu heute noch sehr oft tödlich verlief. Dieses Ereignis sorgte für die größte Erschütterung in seiner Kindheit. Auf einmal hatte er das Gefühl, nichts im Leben wäre wirklich sicher. Aber statt nun in eine lähmende Traurigkeit zu verfallen, war diese Erfahrung für ihn der Beginn von dem, was er später seine »zweite Welt« nennen sollte. Eine fantastische Welt, die er sich mithilfe seiner Studien und Bücher nach und nach selbst erschaffen hat. Auf diese Weise war er in der Lage, den Unwägbarkeiten der »ersten Welt« etwas Sicheres entgegenzustellen. Eine Welt, auf die er sich verlassen konnte.

Übrigens 1: Auch Michael Ende, Paul Maar, Otfried Preußler und Kirsten Boie haben sich Geschichten und Figuren ausgedacht, die ins Reich der fantastischen Literatur gehören. J. R. R. Tolkien aber ist der einzige der hier versammelten Autoren und Autorinnen, der unserer realen Welt eine komplette zweite Welt gegenübergestellt hat. Er hat sie *Mittelerde* getauft.
In ihr haben die Hobbits, Zwerge, Orks, Elben und Menschen ihre gemeinsame Geschichte, ihre gemeinsamen Sagen und Mythen. Und ihre unterschiedlichen Sprachen.

Übrigens 2: Tolkien begeisterte sich nicht nur für Sprachen, die es noch heute gibt. Neben Altgriechisch und Latein lernte er besonders gern Sprachen, die im Mittelalter verbreitet waren. So las er zum Beispiel die Sage von Sigurd und Fafnir, deren Kurzversion im *Roten Märchenbuch* ihn ja schon als kleiner Junge begeistert hatte, mit dreizehn oder vierzehn noch mal im Urtext. Und der war auf Altnordisch – einer Sprache, mit der sich die Wikinger untereinander verständigt haben. Vor ungefähr tausend Jahren.
Doch bald darauf begnügte sich der jungen Tolkien nicht mehr damit, sich alte Sprachen beizubringen. Er fing an, sie zu erweitern und nach und nach sogar eigene Sprachen daraus zu entwickeln. Ganz besonders inspirierte

ihn ein Lehrbuch über die gotische Sprache der alten Germanen, die noch mal knapp tausend Jahre älter war als das Altnordische. Das war das erste Mal, dass er sich nicht bloß eine eigene Sprache ausdachte, sondern auch noch die dazugehörige Schrift.

Übrigens 3: Viele Jahre später, als frischgebackener Familienvater, beschränkte J. R. R. Tolkien sich jedoch nicht mehr auf die von ihm selbst erdachten Sprachen und Fantasiewelten. Er griff auf eine Symbolfigur zurück, die jeder von uns kennt und liebt – den Weihnachtsmann! Von genau dem nämlich erhielten Tolkiens vier Kinder jedes Jahr einen langen Brief. Oder, wenn der Weihnachtsmann zu beschäftigt war, von seinem Privatsekretär, einem Elf.
Tolkien legte die von ihm geschriebenen Briefe nicht einfach in den Briefkasten, sondern ließ es so aussehen, als würde der Weihnachtsmann sie höchstpersönlich vorbeibringen. So hörten die Kinder nachts das Geräusch schwerer Stiefel die Treppe hochkommen. Und am nächsten Morgen bewiesen die Schneespuren im Korridor, die der alte Mann auf dem Parkett hinterlassen hatte, dass es den Weihnachtsmann wirklich geben musste.

An die Geburtsstunde seines Romans *Der kleine Hobbit* konnte sich J. R. R. Tolkien auch im hohen Alter noch ganz genau erinnern. Er hatte mit Anfang dreißig eine Stelle als Professor für Sprachen in Oxford erhalten, saß in seinem Arbeitszimmer und korrigierte Aufnahmeprüfungen. Einer der Studenten hatte eine Seite seiner Arbeit frei gelassen. Und so wie Kirsten Boie jedes geschriebene Wort, das ihr vor die Augen kommt, lesen muss, so regte jedes leere Blatt Tolkien an, etwas darauf zu kritzeln oder zu schreiben. Ohne zu wissen, was er da eigentlich tat, schrieb er in jenem Moment: »In einer Höhle in der Erde, da lebte ein Hobbit.« Und dieser Satz wurde zu einem der berühmtesten Romananfänge der letzten hundert Jahre.

Dabei hatte Tolkien damals nicht die leiseste Ahnung, was ein Hobbit überhaupt war. Höchstens, dass so ein Hobbit wahrscheinlich irgendetwas Kleines sein musste. Und ein guter Anfang für eine Geschichte für seine eigenen Kinder.

»Ich wohne nicht am Ende der Welt, sondern dahinter.«

FRIDA NILSSON

Für Frida Nilsson, die Autorin von unter anderem *Siri und die Eismeerpiraten, Sasja und das Reich jenseits des Meeres* und den *Hedvig!*-Büchern, versteckt das eigentliche Geheimnis einer Geschichte sich nicht hinter ihr, sondern in dieser selbst. Dem Geheimnis dort auf die Spur zu kommen, hält sie deshalb für interessanter, als rauszukriegen, wann und warum der Autor oder die Autorin diese Geschichte geschrieben hat. Zum Glück hat sie sich aber trotzdem darauf eingelassen, mit mir über genau diese Dinge zu reden.

Das Licht der Welt erblickte Frida Nilsson am 16. Januar 1979 in dem kleinen schwedischen Dorf Hardemo. Ihr Vater war Maler und Journalist. Jedes Mal, wenn er heimkam und rief: »Ich habe etwas mitgebracht!«, hoffte die kleine Frida, es wäre vielleicht eine Barbiepuppe oder irgendein Plastikspielzeug. Bloß um enttäuscht festzustellen, dass es wieder einmal nur Bücher waren. Bücher, die die Verlage ihrem Vater zugeschickt hatten, damit er in der Zeitung etwas über sie schrieb. Bücher, Bücher, Bücher: Das ganze Haus war voll davon. Genauso wie die Fabrikhalle in Frida Nilssons Roman *Ich, Gorilla und der Affenstern*. Dorthin nimmt die Gorilladame das Mädchen Jonna mit, nachdem sie es adoptiert und aus dem Waisenhaus befreit hat.

Ganz anders als Jonna hatte Frida jedoch eine sehr, sehr glückliche Kindheit.

Ihre Eltern waren der Meinung, es gäbe für ein Kind nichts Wichtigeres, als zu spielen. Nur so könnte es das Leben wirklich kennenlernen. Also ließen sie Frida spielen, ohne ihr ständig zu sagen: »Pass auf! Wenn etwas aus dir werden soll, dann musst du diesen Unsinn lassen.« Stattdessen öffneten sie einfach die Tür und ließen Frida raus. So, wie es auch die Eltern von A. A. Milne und Astrid Lindgren gemacht haben. Doch immer, wenn Frida ihre Eltern brauchte, waren sie für sie da. Aber wenn Frida sich langweilte und von ihnen beschäftigt werden wollte, dann meinten sie bloß: »Nein, spiel für dich allein.« Zugegeben – das geht auf dem Land sicher einfacher als in der Stadt. Aber dass Fridas Eltern nicht alle naselang vorgeschlagen haben, was Frida als Nächstes tun könnte, müsste oder sollte – Klavier oder Tennis spielen, Schwimmen lernen oder für gute Noten pauken –, das geht auch heute noch. In der Stadt genauso gut wie auf dem Land.

Frida Nilsson hatte als Kind viele Tiere, dafür aber keine Geschwister. Deshalb beneidete sie damals Lisa aus Bullerbü um ihre Brüder Lasse und Bosse und um die Nachbarskinder vom Nord- und Südhof. Denn Nachbarskinder gab es bei den Nilssons auch nicht. An ihrem ersten Schultag hatte Frida entsprechend große Angst und Respekt vor anderen Kindern, obwohl sie doch eigentlich so frei war und so ungezähmt. Aber sie wusste einfach nicht, ob sie den anderen Kindern trauen konnte. Ihre damaligen Gefühle hat Frida Nilsson nie vergessen und später, als sie erwachsen war, in *Hedvig! Das erste Schuljahr* und den anderen *Hedvig!*-Büchern genau beschrieben.

Zum Beispiel konnte Fridas Stimmung als Kind sehr schnell umschlagen. Genau wie bei Hedvig. Auf Angst folgte allerdings schnell wieder der Mut, voranzugehen. Sie war geradeheraus, »ziemlich tough« und sehr, sehr neugierig. Beim Erforschen der Welt legte sie jede Schüchternheit ab. Und sie hatte ein weiches Herz, mindestens so groß und weich wie das von Madita aus dem gleichnamigen Roman von Astrid Lindgren. *Madita* war ein Buch, das Frida sehr liebte. So wie alle anderen Bücher von Astrid Lindgren auch.

Frida Nilsson kann sich heute nicht mehr daran erinnern, welches Buch sie als erstes gelesen hat. Dazu waren die Bücherberge ihres Vaters um sie herum wohl einfach zu hoch. Aber sie weiß noch sehr genau, welches Buch sie zum ersten Mal wie ein Blitzschlag traf: Es hieß *Nalle lufs (Teddy Taugenichts)* und war von Gösta

Knutsson, einem bei uns weitgehend unbekannten, in Schweden aber sehr beliebten Autor. Darin geht es um einen kleinen Teddybären, der seine Mutter verloren hat und sich nun auf die Suche nach ihr macht. Diese Geschichte von einem Verlust und dem Umgang damit beeindruckte Frida so sehr, dass sie damals nur einen Wunsch hatte: Sie wollte dieses Gefühl, das sie beim Lesen von *Nalle Lufs* spürte, anderen Kindern irgendwann auch mal mit ihren eigenen Büchern vermitteln. Dieser Wunsch, später Schriftstellerin zu werden, war für die noch sehr junge Frida selbstverständlicher und klarer als für fast alle anderen Autorinnen und Autoren in diesem Buch.

Und tatsächlich: Im letzten *Hedvig!*-Band, *Der Sommer mit Specki*, erleidet Hedvigs Großmutter einen Schlaganfall, ist danach verwirrt und stirbt. Hedvig will ihren Tod aber nicht wahrhaben. Lieber stellt sie sich vor, sie sei gar nicht gestorben, sondern bloß verreist und würde ihr ganz bestimmt eine Postkarte schicken. Irgendwann. Und auch der zehnjährige Sasja aus Frida Nilssons fünfhundert Seiten dickem Roman *Sasja und das Reich jenseits des Meeres* nimmt den Tod seiner Mutter nicht einfach so hin. Stattdessen macht er sich auf – so wie Nalle – und reist seiner Mutter hinterher in das Reich des Todes, um sie wieder zurückzuholen. Dass ihm das auch gelingen wird, steht für ihn dabei nie infrage. Und wie er das macht, ist ein ebenso großes wie wunderbares Abenteuer.

Eine von Frida Nilssons Erinnerungen passt zunächst überhaupt nicht in das Bild, das wir uns von einer glücklichen Kindheit in Schweden machen: Es ist die Erinnerung an einen Schrottplatz. Auf den hat ihr Vater sie nämlich ein- oder zweimal mitgenommen. Frida Nilsson weiß nicht mehr, warum, aber der Schrottplatz hat sie sehr beeindruckt. Und deshalb spielen Schrott und Müll dann auch eine große Rolle in einigen ihrer Bücher. Ganz besonders in *Ich, Gorilla und der Affenstern*. Denn die Fabrikhalle, in der die Gorillafrau und Jonna leben, liegt mitten auf einem Müllplatz.

Übrigens 1: *Ich, Gorilla und der Affenstern* ist das Buch, das am meisten mit Frida Nilssons Vater zu tun hat. Das heißt nun aber nicht, dass er auch auf einem Müllplatz gelebt hat oder eine sprechende Gorillafrau war. Was den Vater jedoch mit der Gorillafrau verband, war seine enorme Größe – er war größer als die anderen Väter. Und er war irgendwie anders. So anders, dass Frida sich oft für ihn schämte. Dabei merkte er wahrscheinlich nicht mal, dass er anders war. Auch das verbindet ihn mit Gorilla, der Gorilladame. In Fridas Augen benahm er sich einfach komisch. Erst als Teenager begriff sie dann, wie begabt ihr Vater war, wie viel er wusste und wie viel Sinn für Humor er hatte. Und dass Anderssein etwas ist, auf das man auch stolz sein kann.

Übrigens 2: Nach dem Ende ihrer Schulzeit arbeitete Frida Nilsson zunächst als Moderatorin im Rundfunk und Kinderfernsehen. Mit dem Geschichtenerzählen hat sie erst später angefangen. Sie erzählte Erlebnisse aus ihrer eigenen Schulzeit, und zwar im Radio. Zu richtigen *Hedvig!*-Geschichten wurden sie dann aber erst, nachdem Frida auf die Idee gekommen war, ein Buch aus ihnen zu machen, und auch gleich einen Verlag gefunden hat, der es veröffentlichen wollte.
Eigentlich sollte es bei ihrem ersten Roman *Hedvig! Das erste Schuljahr* bleiben, denn Frida Nilsson hatte so gut wie alle ihre Erinnerungen in dieses Buch fließen lassen. Doch dann erzählte Fridas Vater ihr eines Tages auf einem Spaziergang von Max-Olov, einem Esel, den er als Kind besessen hatte. Und das legte den Grundstein für *Hedvig! Im Pferdefieber* und Frida Nilssons Leben als Autorin von Kinderbüchern. Denn ab jetzt fing sie an, ihre eigenen Erlebnisse mehr und mehr durch erfundene Geschichten zu ersetzen.

Übrigens 3: Bei einer Veranstaltung, bei der sowohl Andreas Steinhöfel als auch Frida Nilsson einen Preis für das beste Buch des Jahres erhielten, wurden sie gefragt, ob sie sich vorstellen könnten, auch etwas anderes zu machen, als Kinderbücher zu schreiben.

Andreas meinte: »Ja, klar. Ich bin ja schließlich nur zufällig Autor geworden. Eigentlich schreibe ich bloß, weil ich es kann.«
Frida dagegen sagte laut und deutlich: »Nein! Höchstens, wenn ich ins Koma falle.« Und nach einer kurzen Pause: »Aber wenn es denn unbedingt sein müsste, dann würde ich am liebsten Landbriefträgerin werden.«

Frida Nilsson findet, dass Erwachsene ihren Kindern viel zu oft sagen, dass sie lesen sollen, um etwas zu lernen und sich auf das »richtige« Leben vorzubereiten. Doch heißt das im Grunde nicht, dass dieses »richtige« Leben erst anfängt, wenn die Kindheit vorbei ist? Und führt es nicht dazu, dass manche Kinder sagen: »Oh, wenn doch endlich der Tag da wäre, an dem ich kein Kind mehr bin. An dem ich selbst entscheiden kann. An dem ich tun kann, was ich will. Ein Kind zu sein ist so langweilig«?

Diesen Kindern ruft Frida Nilsson zu: »Lasst euch Zeit. Bleibt, wo ihr seid. Habt keine Eile. Irgendwann gelangt ihr sowieso dorthin: in die Welt der Erwachsenen. Aber bis es so weit ist, spielt, so viel ihr könnt. Und fragt so selten wie möglich: Was soll ich werden? Ihr. Seid. Jetzt.«

Und damit haben wir es also doch noch gefunden – das Geheimnis *hinter* den Geschichten von Frida Nilsson: Es ist ihre wunderbare Erkenntnis, dass eure Kindheit mindestens genauso wichtig ist wie das Erwachsensein!

Zum Schluss habe ich bloß noch eine schlechte Nachricht für alle Kinder in Mörkö, dem kleinen Dorf hinter dem Ende der Welt, wo Frida Nilsson nun schon seit vielen Jahren mit ihrer Familie lebt: Die Hoffnung, irgendwann könnte sie vor eurer Tür auftauchen, klingeln und euch Briefe in die Hand drücken, könnt ihr begraben. Denn in Frida Nilssons Kopf steht noch eine lange Reihe von Kindern, die nur darauf warten, in eins ihrer Bücher hineingeschrieben zu werden.

»Ich denke einfach nie nach, für wen ich schreibe.«

FINN-OLE HEINRICH

Geboren wurde Finn-Ole Heinrich am 13. September 1982 am Rande von Hamburg. Aufgewachsen ist er dann aber in Cuxhaven und, nachdem sich seine Eltern ziemlich bald nach seiner Geburt getrennt haben, auch auf dem Biobauernhof seines Vaters. Und dass er in diesem Buch vorkommt, liegt daran, dass auch er ganz wunderbare Bücher geschrieben hat: die *Maulina*-Trilogie zum Beispiel, *Die Reise zum Mittelpunkt des Waldes* und *Frerk, du Zwerg.*

Anders als J. R. R. Tolkien kann sich Finn-Ole Heinrich nicht an ein Lieblingsbuch aus seiner Kindheit erinnern. Selbst heute noch kennt er die Bücher von den meisten der hier versammelten Autorinnen und Autoren bloß vom Hörensagen. Das liegt ganz einfach daran, dass er bis zu seinem siebzehnten Lebensjahr gar keine Bücher gelesen hat. Zwar war er von ihnen umgeben wie der kleine Otfried Preußler und die junge Frida Nilsson. Aber die prall gefüllten Bücherregale seiner Eltern haben ihn nicht dazu verleitet, sich das Lesen möglichst schnell selbst beizubringen, so wie A. A. Milne, Antoine de Saint-Exupéry oder Kirsten Boie. Geschweige denn, als Kind schon seinen eigenen Verlag zu gründen, wie Tove Jansson und Maurice Sendak.

Das heißt nun aber nicht, dass Finn-Ole Heinrich vollkommen ohne Geschichten aufgewachsen ist. Ganz im Gegenteil: Er mag Geschichten, seit er denken kann. Nur holte er sie sich als Kind eben nicht aus Büchern. Viel lieber hat er sie selbst erlebt. Oder er dachte sie sich aus, wie Mark Twain. Und dann spielte er die Geschichten, genau wie dieser, mit seinen Geschwistern nach. Später versuchte Finn-Ole, die Geschichten in seinem Kopf in eine Form zu bringen, indem er Briefe schrieb – an Freunde. An echte und an solche, die bloß in seiner Fantasie auftauchten. Und an sich selber. Das war eine wunderbare Methode, all die Ideen und Gedanken, die sich in seinem Kopf drehten, auch wieder loszuwerden.

Auf die Idee, einen langen Brief oder gar ein Buch über seine eigene Lebensgeschichte zu schreiben, ist er jedoch leider nie gekommen. Weder in Form einer Autobiografie wie Erich Kästner oder Roald Dahl noch als Roman wie Frida Nilsson oder Judith Kerr. Ja, in einem Interview antwortete Finn-Ole Heinrich auf die Frage, inwieweit seine Bücher und Geschichten etwas mit ihm selbst zu tun hätten, sogar mit: »Eigentlich ist es doch völlig egal, wer ein Buch geschrieben hat.«

Trotzdem finden sich Erlebnisse und Erfahrungen seiner eigenen Kindheit vereinzelt auch in seinen Büchern wieder. So etwa Paulina Schmitt, die Hauptfigur der *Maulina*-Trilogie. Ihr ist Finn-Ole Heinrich irgendwann in seinem Kopf begegnet, ohne dass er damit gerechnet oder es geplant hätte. Sie hat sich vorgestellt (vor die anderen Gedanken nämlich) und ihn dann aufgefordert, eine Geschichte zu schreiben. *Ihre* Geschichte und nicht seine. Dazu musste er sich ganz in sie hineinbegeben. Musste ihre Art, zu denken und zu sprechen, erfühlen und hören. Und dabei sich selbst vergessen. Nur so konnte er Paulinas Geschichte schreiben.

Erst hatte Finn-Ole Heinrich eine schwere Zeit mit Paulina, aber er mochte diesen kleinen Menschen, den er da kennengelernt hatte. Er fühlte sich ihr verbunden, und es machte ihm Spaß, mit ihr rumzudenken. Und erst da, beim gemeinsamen Rumdenken, fiel ihm das eine oder andere aus seiner eigenen Kindheit ein. Dass auch seine Eltern sich hatten scheiden lassen, zum Beispiel, und wie es sich angefühlt hatte, als seine Mutter einmal schwer erkrankt war. Und diese Erlebnisse, Gefühle und Gedanken baute er dann mit in die Geschichte ein. So

wie beim gemeinsamen Spielen oder einem tollen Gespräch. Sogar die Tatsache, dass Paulina sich immer mit Karacho ins nächste Abenteuer stürzt, während ihr bester Freund Paul lieber erst mal darüber nachdenkt, hat wahrscheinlich etwas mit Finn-Ole selbst zu tun. Zwar war auch er als Kind nicht ängstlich, genau wie Maulina. Aber zugleich war er vorsichtig, so wie Paul. Einmal, als die Nachbarskinder auf die Idee kamen, von einem Gartenhausdach aufs nächste zu springen, machte er nicht mit, sondern sah ihnen bloß von Weitem zu. Erst als die Nachbarskinder nach Hause mussten, kletterte er auf eines der Dächer und probierte ganz allein und in Ruhe aus, ob und wie er das mit dem Springen hinbekam. Und ab dem nächsten Tag war er dann dabei.

Übrigens 1: Am Ende von Finn-Oles Büchern steht, so wie bei den meisten Büchern üblich, eine kurze Beschreibung seines Lebens, eine sogenannte Kurzbiografie. Ob die jedoch der von Nelio und uns gesuchten Wahrheit entspricht, vermag ich nicht zu sagen. Klar, die jeweilige Kurzbiografie hat sicher etwas mit Finn-Ole zu tun. Aber ob er wirklich manchmal *Finn-Ole Pistole* genannt worden ist, *Warze* oder gar *Finn-Olé*, als wäre er ein Flamencotänzer? Ich weiß nicht. Zumal in einer dieser Biografien auch steht, wie wichtig ihm Fantasie ist. Und das gilt sicher nicht nur für das Schreiben seiner Bücher.

Übrigens 2: Ähnlich wie bei *Pu der Bär*, der durch die Bilder von E. H. Shepard lebendig wurde, kann man über Finn-Ole Heinrichs Bücher nicht reden, ohne gleichzeitig deren Illustratorinnen zu erwähnen. Denn auch sie haben einen großen Anteil an seinen Geschichten. Ganz besonders Rán Flygenring. Mit ihr setzte sich Finn-Ole schon zusammen, als Maulina erst als bloße Idee in seinem Kopf rumschwirrte. Dadurch war Rán von Anfang an bei der Entstehung der Figur dabei. Und konnte zusammen mit Finn-Ole herausfinden, wie Maulina sich innerhalb eines Raumes bewegt, wie sie lacht und wie sie weint. Oder wie es aussieht, wenn sie eine ihrer »Maulattacken« bekommt. Auf diese Weise hatten die Illustratorin und Finn-Oles Figur die Möglichkeit, sich ausgiebig kennenzulernen. Danach ging es für Rán dann nur noch darum, zu zeichnen, zu zeichnen und zu zeichnen.

Übrigens 3: Dass Finn-Ole Heinrich überhaupt Autor geworden ist – auch dahinter verbirgt sich ein Geheimnis. In Finn-Oles Elternhaus ging es immer laut zu. Es gab praktisch kein gemeinsames Beisammensein, wo nicht lautstark diskutiert und um die Wahrheit gestritten wurde. Dieser Dauerlärm hat Finn-Ole nie gestört. Im Gegenteil – er war sogar ein bisschen stolz darauf, dass bei den Heinrichs so viel Trubel herrschte. Trotzdem – als er als Siebzehnjähriger beim Durchstöbern des Bücherregals auf den Titel *Stiller* stieß, dachte er: »Ein Buch, in dem es um die

Stille geht – das klingt interessant.« Doch schon nach ein paar Zeilen stellte sich seine Vermutung als Irrtum heraus. Der Roman von Max Frisch heißt nämlich nur *Stiller*, weil es darin um einen Mann geht, der diesen Namen trägt. Aber da hatte Finn sich schon so festgelesen, dass er das Buch nicht zurück ins Regal beförderte. Und weil er kurz zuvor zum ersten Mal überlegt hatte, vielleicht Autor zu werden (obwohl er bis dahin kaum ein Buch gelesen hatte), arbeitete er den Roman von vorn bis hinten durch. Ein halbes Jahr lang.

Wer die Bücher von Finn-Ole Heinrich liest, wird kaum glauben, wie wichtig ihm etwas ist, was die meisten von uns sehr langweilig finden: die Langeweile selbst! Dabei ist diese vielleicht sogar das eigentliche Geheimnis hinter seinen Geschichten.

Zum ersten Mal bemerkt hat er das, als er einmal mit zwei netten, aber etwas langweiligen alten Leuten eine total langweilige Bootsfahrt machen musste. Vor lauter Langeweile fing er an, das Ufer zu betrachten und es in seinem Kopf in postkartengroße Stücke zu zerschneiden. Diese Kopfpostkarten hat er sich dann in Gedanken selbst beschrieben. Bis in die kleinste Einzelheit. Und da war sie weg, die Langeweile. Hat sich in die zweite Reihe zurückgezogen, so lange, bis sie wieder ihren Platz einnehmen durfte.

Vielleicht also sollte die Langeweile auch in unserem Leben hin und wieder vorbeischauen dürfen. Denn wenn wir jedes Mal, wenn sie bei uns anklopft, sofort unser Smartphone zur Hand nehmen, statt ihr die Tür zu öffnen, werden wir dann überhaupt noch Lust auf Geschichten haben? Werden wir uns auf den Weg machen, um den *Reuber* zu suchen, der dem jungen Vater in Finn-Oles Roman *Die Reise zum Mittelpunkt des Waldes* zeigt, was dieser alles kann? Dann, wenn wir – genau wie der Vater im Buch – wieder mal das Gefühl haben, nichts ändern zu können: zu schwach, zu allein und kein Wunder in Sicht!

So verrückt es klingt – erst die Langeweile bringt uns dazu, etwas zu tun, uns etwas auszudenken, in die Pötte zu kommen, kreativ zu werden. Oder – wie in Finn-Oles Fall – Geschichten zu schreiben!

»Jeder ist eine Persönlichkeit für sich, und jeder findet etwas ganz Besonderes in einem Buch.«

ERIC CARLE

Auch wenn ihr ganz bestimmt viele Bücher der hier vorgestellten Autorinnen und Autoren kennt – es gibt eigentlich nur eins, bei dem ich mir ganz sicher bin, dass wirklich jeder und jede von euch es schon irgendwann einmal in der Hand gehalten und gelesen hat. Das ist *Die kleine Raupe Nimmersatt*.

In diesem Bilderbuch von Eric Carle findet sich bereits all das wieder, worum es auch in diesem Buch geht: um die Suche nach dem Geheimnis nämlich. Nach dem, was hinter einer Geschichte steht. Und darum, dass ein Geheimnis nicht bloß *eine* Wahrheit hat. Außerdem zeigt uns die Raupe auf ihre ganz eigene Art und Weise, wie lang der Weg sein kann, seinem eigenen Geheimnis auf die Spur zu kommen. Und wie sehr dieser Weg sich lohnt. Denn am Ende entfaltet es sich in seiner ganzen Pracht. Als wunderbarer Schmetterling. Und gerade deshalb ist Eric Carle genau der Richtige, um unsere Suche nach dem Geheimnis hinter den Geschichten zu einem guten Ende zu bringen.

Zur Welt kam er am 25. Juni 1929 in den USA. Seine Eltern waren erst ein paar Jahre zuvor aus Deutschland ausgewandert. Von Stuttgart in die Stadt Syracuse, ein paar Zugstunden nordwestlich von New York. Obwohl auch schon Erics

Vater Erich Carle gut mit Bleistift und Pinsel umgehen konnte und eigentlich hatte Künstler werden wollen, musste er nun so schnell wie möglich irgendeinen Job finden, um Geld zu verdienen. Also konnte er die nächsten zehn Jahre keine Leinwände bemalen. Stattdessen lackierte er Waschmaschinen. Erics Mutter arbeitete als Dienstmädchen. Und das, obwohl sie damals noch kein Wort Englisch sprach. Die beiden waren sehr naturverbunden und verbrachten möglichst jedes Wochenende mit Freunden an den nahe gelegenen »Fingerseen«.

Dort nahm der große Erich den kleinen Eric bei der Hand, spazierte mit ihm durch Wiesen und Wälder und erklärte ihm die besondere Lebensweise der winzigen Kreaturen, die die beiden unter einem Felsen oder einem toten Blatt entdeckten. Dadurch entwickelte der Junge schon sehr früh seine große Liebe zur Natur und zu den Tieren. Vor allem zu denen, die aufgeregt hin und her krabbelten, sobald er Steine hochhob oder Rinden von den Bäumen klappte: Ameisen, Käfer, Salamander, Würmer und – ja, richtig – Raupen. Von seinem Vater lernte er auch, die Tierchen hinterher ganz vorsichtig wieder zuzudecken.

Erics zweite lebenslange Liebe galt leuchtenden Farben, dicken Pinseln und möglichst riesigen Bogen Papier, auf denen er die Farben verteilen konnte. Als er in die Primary School kam – so heißt die Grundschule in den USA –, erkannten Erics Lehrer seine Begeisterung für das Malen zum Glück sofort und legten seinen Eltern nahe, dieses Talent ihres Sohnes nach Kräften zu fördern. Daran hielt sich ganz besonders Erics Mutter auch ihr ganzes Leben. Und das, obwohl sie die damals weitverbreitete Meinung teilte, ein Kind müsse in diesem Alter eigentlich ganz andere Dinge lernen. Doch sobald Eric nach seinen Zeichenstiften griff, nach seinen Wachsmalkreiden, Wasserfarben und dem Zeichenblock, ließ sie ihn in Ruhe. Das verschaffte dem Jungen den nötigen Raum, die Welt der Linien und Farben in aller Ruhe zu entdecken. In diesen inneren Raum zog er sich jeden Tag über mehrere Stunden zurück. Dort fand er Schutz vor der Welt, so wie ein Einsiedlerkrebs in einem leeren Schneckenhaus.

Anders als die meisten von uns wurde Eric Carle gleich zwei Mal eingeschult. Das klingt geheimnisvoll, lag aber einfach daran, dass seine Mutter große Sehnsucht nach ihrer deutschen Heimat bekam. Also brach die Familie ihre Zelte in den USA ab und begab sich nur wenige Monate, nachdem Eric in Syracuse in die Schule gekommen war, zurück nach Stuttgart. Neben einem Tomahawk (den hatte ihm sein Vater geschnitzt) und einem grellbunten Bild von George Washington (dem ersten Präsidenten der Vereinigten Staaten) nahm Eric auch seine Mickey-Mouse-Heftchen mit in die für ihn neue »alte« Heimat seiner Eltern. Und das zwanzig Jahre, bevor die Abenteuer von Walt Disneys weltberühmter Maus endlich auch in Deutschland zu bekommen waren.

Dann – im Herbst 1935 – begann die zweite Etappe seiner Schullaufbahn. Aber die verlief leider ganz anders als die in Syracuse. Eher so wie die von Roald Dahl: in einem farblosen Klassenzimmer mit schmalen Fenstern, mit einem harten Bleistift, einem kleinen Blatt Papier sowie der strengen Ermahnung des Lehrers, bloß keine Fehler zu machen. Und statt der Empfehlung, sein zeichnerisches Talent zu fördern, bekam er schon nach drei Tagen zum ersten Mal »drei auf jede Hand«: Er musste vortreten und dem Lehrer nacheinander seine Hände entgegenhalten – mit den Handflächen nach oben. Woraufhin der Lehrer mit einem dünnen Bambusstöckchen und aller Kraft dreimal zuschlug. Das führte dazu, dass Eric Carle, der in Syracuse so gerne zur Schule gegangen war, sie von nun an aus ganzem Herzen hasste.

Darum wünschte er sich nichts sehnlicher, als wieder nach Amerika zurückzukehren. Und als er feststellen musste, dass das nicht möglich war, plante er, Brückenbauer zu werden und eine Brücke zu bauen, die von Stuttgart nach Syracuse reichte. Auf der wollte er den Ozean überqueren – zusammen mit seiner geliebten Großmutter.

Tatsächlich in die USA zurückgekehrt ist Eric Carle dann erst mit zweiundzwanzig Jahren. Allerdings nicht über eine selbst gebaute Brücke, sondern mit dem Flugzeug. Und noch einmal fünfzehn Jahre zogen ins Land, bevor sich auch seine kleine Raupe Nimmersatt in die Luft erhob und als Schmetterling ihren Triumphzug durch die Welt antrat. Bislang schon mehr als fünfzig Millionen Mal. Und wie von selbst.

Weil das Bilderbuch *Die kleine Raupe Nimmersatt* so erfolgreich war, konnte sich Eric Carle danach auch vielen anderen Tieren widmen. Doch statt ihnen mit einem Schmetterlingsnetz oder einer Flinte nachzujagen, bediente er sich – genau wie schon bei der *Raupe Nimmersatt* – einer viel schöneren und nachhaltigeren

Methode. Zunächst sammelte und bemalte er Hunderte von Seidenpapierbogen. Aus denen suchte er sich dann die jeweils passenden heraus, schnitt sie in kleine Stücke und klebte sie auf seine ganz spezielle Art und Weise wieder zusammen. So entstanden nach und nach: *Der kleine Käfer Immerfrech, Die kleine Maus sucht einen Freund, Das kleine Chamäleon Kunterbunt* und über siebzig weitere Bücher. Und in diesem einzigartigen Zoo herrscht nicht die aufgezwängte Ordnung und Disziplin, die Eric Carle in seiner deutschen Schule zu fürchten gelernt hatte. Statt grau und braun dürfen Pferde blau, Eisbären schwarz, Kühe gelb, Löwen grün, Kaninchen rosa und Elefanten so leuchtend orange sein wie Apfelsinen.

Übrigens 1: Eric Carles Mutter litt sehr darunter, dass ihr Sohn nie seinen Teller leer aß, im Gemüse herumstocherte oder sich gleich ganz weigerte, etwas zu essen. Deswegen wurde er ins Erholungsheim geschickt. Dort sorgten freundliche, aber resolute »Tanten« dafür, dass die Kinder genug aßen, regelmäßig ihren Lebertran einnahmen und täglich einen mehrstündigen Mittagsschlaf hielten.
Aber anders als bei der Raupe Nimmersatt, die ihr Gewicht schließlich auch im Laufe von ein paar Buchseiten verfünffacht, führte die von den Tanten aufgezwungene Fresserei dazu, dass viele Kinder die Freude am Essen verloren und sich den Rest ihres Lebens bloß noch vollstopften. Und dass sie sich dann nicht automatisch in wunderschöne Schmetterlinge verwandelten, sondern sehr oft in übergewichtige Menschen.

Übrigens 2: Neben Eric Carles Liebe zu krabbelnden und kriechenden Tierchen und seiner Freude am Zeichnen spielte noch etwas eine Rolle bei der Entstehung seiner *Kleinen Raupe Nimmersatt*: der Zufall. Einmal stanzte Eric Carle gedankenverloren mit einem Locher kleine Löcher in einen mehrfach gefalteten Briefbogen. Da musste er plötzlich an einen fetten, gefräßigen Bücherwurm denken. Und dieser Wurm knabberte sich so tief in Eric Carle hinein, dass er bei einer Besprechung mit dem Verleger seines ersten eigenen Buches *1, 2, 3 ein Zug zum Zoo* wieder herauskam. Als Raupe.

Übrigens 3: Erics deutscher Onkel August war Maler. Wenn der Junge die dunkle Wendeltreppe hinaufstieg, die zu seiner Wohnung führte, duftete es schon zwei Stockwerke weiter unten nach Ölfarben, Leinöl und Terpentin. Doch bevor er das geliebte Arbeitszimmer seines Onkels betreten konnte, stopfte seine Tante ihn erst mal mit Leckereien voll. Erst dann durfte Eric sich zu seinem Onkel setzen, ihm beim Malen zusehen, einer seiner vielen Geschichten lauschen und erleben, wie herrlich es sich anfühlt, wenn die Fantasie ihre Schmetterlingsflügel ausbreitet.

Eric Carle wurde einundneunzig Jahre alt. Mehr als fünfzig davon bahnte er sich mit der Schere einen Weg durch Dutzende und Aberdutzende seiner Seidenpapierbogen, bis zum 23. Mai 2021. Dabei war er mindestens so unersättlich wie seine weltberühmte Raupe.

Eric Carle wurde sein gesamtes Leben lang zu Lesungen eingeladen. Dadurch lernte er Kinder aus den verschiedensten Ländern kennen: aus den Vereinigten Staaten, England, Schottland, Holland, Deutschland, Finnland, Italien, Japan und Frankreich. Er las ihnen vor, zeichnete für sie und unterhielt sich mit ihnen. Und er erhielt Tausende von Briefen – lustige, traurige, ergreifende und manchmal auch langweilige. Einer war mit winzigen Buchstaben in die oberste Ecke eines Blattes gekritzelt: »Lieber Eric. Du kannst gut zeichnen. Ich mag deine Bilder. Unser Lehrer hat uns alle deine Bücher zu lesen gegeben. Wirst du dich jemals zur Ruhe setzen? Alles Liebe, Jennifer.«

Als Nelio mich dazu gebracht hat, mich auf die Suche nach dem Geheimnis hinter den Geschichten zu machen, hätte ich Jennifer in Eric Carles Namen noch laut und deutlich mit »Nein« geantwortet. Aber kurz bevor ich dieses Buch zu Ende geschrieben habe, ist Eric Carle ganz plötzlich gestorben. Ob er nun selbst zum Schmetterling geworden ist, wissen wir nicht, und es wird für immer das letzte Geheimnis hinter seinen Geschichten bleiben.

Danksagung

Vieles, was ich euch über die in diesem Buch versammelten Autorinnen und Autoren berichte, haben sie selbst erzählt: in Interviews, Büchern und Vorträgen oder – und das war natürlich besonders schön – im persönlichen Gespräch mit mir. Doch das meiste habe ich aus Büchern, die schon andere über unsere Autoren und Autorinnen geschrieben haben. Darum möchte ich mich an dieser Stelle bei allen Verfasserinnen und Verfassern jener Quellen, deren Wasser erst mich und jetzt hoffentlich auch euch erquickt hat, aufs Allerherzlichste bedanken. Das gilt natürlich in gleichem Maße für die Verlage, ohne die jene Bücher bloß Manuskripte und das darin Berichtete für immer ein Geheimnis geblieben wäre. Für alle, die *Das Geheimnis hinter den Geschichten* neugierig gemacht hat, mehr über diesen Autor oder jene Autorin zu erfahren, habe ich die Bücher, die mir – neben meiner wunderbaren Lektorin Neele Bösche – beim Schreiben zur Seite gestanden haben, einfach aufgelistet:

Quellenverzeichnis

Bücher, die als Inspiration gedient haben:

ERICH KÄSTNER

Enderle, Luiselotte: Kästner. Eine Bildbiographie, Kindler Verlag, 1960

Hanuschek, Sven: Erich Kästner, Rowohlt Verlag, 2004

ASTRID LINDGREN

Bjorvand, Agnes-Margrethe: Astrid Lindgren. Ihre fantastische Geschichte, Atrium Verlag, Imprint WooW Books, Zürich 2018

Gottschalk, Maren: Jenseits von Bullerbü. Die Lebensgeschichte der Astrid Lindgren, Beltz & Gelberg, 2006

Schönfeldt, Gräfin, Sibyl: Astrid Lindgren, Rowohlt Verlag, 2014

A. A. MILNE

Cohen, Nadia: The Extraordinary Life of A. A. Milne, Pen & Sword Books, 2017

MAURICE SENDAK

Cott, Jonathan: There's a Mystery There. The Primal Vision of Maurice Sendak, Doubleday, 2017

TOVE JANSSON

Westin, Boel: Tove Jansson. Life, Art, Words. The Authorised Biography, Sort Of Books, 2014

ANTOINE DE SAINT-EXUPÉRY

Biermann, Karlheinrich: Antoine de Saint-Exupéry, Rowohlt Verlag, 2012

De Saint-Exupéry, Simone: Fünf Kinder in einem Park. Die Kindheit des kleinen Prinzen, Karl Rauch Verlag, 2014

Estang, Luc: Saint-Exupéry, Rowohlt Taschenbuch Verlag, 1958

Guéno, Jean-Pierre: Der kleine Prinz erinnert sich: Antoine de Saint-Exupéry: Tagebuch eines Lebens. Aus dem Französischen von Annette Lallemand © 2013 Karl Rauch Verlag, Düsseldorf

Webster, Paul: Saint-Exupéry. Leben und Tod des Kleinen Prinzen, Metamorphosis Verlag, 1994

JUDITH KERR

Van Nahl, Astrid: Judith Kerr. Die Frau, der Hitler das rosa Kaninchen stahl, wbg Theiss, 2019

JAMES KRÜSS

Doderer, Klaus: James Krüss. Insulaner und Weltbürger, Carlsen Verlag, 2009

Herre, Bettina (Hrsg.): James Krüss: Der Meister der Phantasie, Carlsen Verlag, 2001

ROALD DAHL

Rosen, Michael: Fantastic Mr. Dahl, Penguin Random House UK, 2012

MICHAEL ENDE

Boccarius, Peter: Michael Ende. Der Anfang der Geschichte, Nymphenburger, 1990

KIRSTEN BOIE

Boie, Kirsten: Das Lesen und ich, Verlag Friedrich Oetinger, 2020

J. R. R. TOLKIEN

Geier, Fabian: J. R. R. Tolkien, Rowohlt Verlag, 2009

Bücher, aus denen zitiert wurde:

ERICH KÄSTNER

Kästner, Erich: Ansprache zum Schulbeginn © Die kleine Freiheit, Atrium Verlag, Zürich 1952 und Thomas Kästner (Zitat unter der Kapitelüberschrift S. 9 und Zitat S. 11)

Kästner, Erich: Kurz und bündig. Epigramme © Atrium Verlag, Zürich 1948 und Thomas Kästner (Zitat Kapitelüberschrift S. 15 und Zitat S. 19)

Kästner, Erich: Als ich ein kleiner Junge war © Atrium Verlag, Zürich 1957 und Thomas Kästner (Zitat S. 15)

Kästner, Erich: Pünktchen und Anton © Atrium Verlag, Zürich 1935 und Thomas Kästner (Zitat S. 18)

ASTRID LINDGREN

Aftonbladet: Interview mit Astrid Lindgren vom 26.12.1986 , Übersetzung von Neele Bösche (Zitat Kapitelüberschrift S. 21)

Forsell, Jacob/Erséus, Johan/ Strömstedt, Margareta: Astrid Lindgren. Bilder ihres Lebens, Verlag Friedrich Oetinger, 2007 (Zitat S. 22)

Lindgren, Astrid: Dankesrede, die sie 1958 bei der Entgegennahme des Hans-Christian-Andersen-Preises hielt: »Darum brauchen Kinder Bücher« (Zweites Zitat S. 26)

Lindgren, Astrid: Das entschwundene Land, Verlag Friedrich Oetinger, 2007 (Zitate S. 23 und 27)

Neue Zürcher Zeitung: Kinderwünsche und Kinderwirklichkeiten, Artikel vom 10.11.2007, Zitat eines Tagebucheintrages von Astrid Lindgren vom 26.12.1946 (Erstes Zitat S. 21)

A. A. MILNE

Milne, A. A.: Autobiography, Dutton, Penguin Random House UK, 1939, Übersetzung von Ebi Naumann (Zitat S. 30)

Milne, A. A.: Ich und Du, der Bär heißt Pu, Übersetzung von Christa Schuenke, Atrium Verlag, Zürich 2017 © Text: A. A. Milne (Zitat Kapitelüberschrift S. 29)

Milne, Christopher: The Enchanted Places, Eyre Methuen, Penguin Random House UK, 1974, Übersetzung von Ebi Naumann (Zitat S. 31)

MAURICE SENDAK

Lanes, Selma: The Art of Maurice Sendak, Harry N. Abrams, 1998, Übersetzung von Ebi Naumann (Zitat Kapitelüberschrift S. 35 und Zitate S. 36–39)

Sendak, Maurice: Caldecott & Co. Notes on Books and Pictures, Farrar Straus Giroux, 1988, Übersetzung von Renate Raecke (Erstes Zitat S. 35)

TOVE JANSSON

Karjalainen, Tuula: Tove Jansson. Die Biographie, Urachhaus, 2014 (Alle Zitate in diesem Kapitel)

ANTOINE DE SAINT-EXUPÉRY

De Saint-Exupéry, Antoine: Der kleine Prinz, Übersetzung von Josef und Grete Leitgeb, Karl Rauch Verlag, 2020 (Zitat Kapitelüberschrift S. 47 und Zitate S. 49 und 51)

JUDITH KERR

Kerr, Judith: Geschöpfe. Mein Leben und Werk, Edition Memoria, 2018 (Zitat Kapitelüberschrift S. 55 und Zitat S. 57)

MARK TWAIN

Ayck, Thomas: Mark Twain, Rowohlt Verlag, 1974 (Erstes Zitat S. 62)

Twain, Mark: Meine geheime Autobiographie. Aus dem Englischen von Hans-Christian Oeser und Andreas Mahler, Aufbau, Berlin 2012 © Aufbau Verlage GmbH & Co. KG, Berlin 2012 (für die Übersetzung) (Zitat Kapitelüberschrift S. 61 und Zitate S. 62–65)

CHRISTINE NÖSTLINGER

Die Presse: Christine Nöstlinger über Kindererziehung, 2005 (Interview: Barbara Petsch) (Zitat Kapitelüberschrift S. 69)

Der Standard: Christine Nöstlingers Erziehungs-ABC, Ausgabe vom 11.03.2012 (Letztes Zitat S. 74)

Nöstlinger, Christine: Geplant habe ich gar nichts. Aufsätze – Reden – Interviews, Dachs Verlag, 1996 © Christine Nöstlingers Buchstabenfabrik (Zitat S. 73/74)

Nöstlinger, Christine: Glück ist was für Augenblicke. Erinnerungen, Residenz Verlag, 2013 (Zitate S. 69 und 72)

JAMES KRÜSS

Krüss, James: ABC und Phantasie, Ravensburger, 1964 © Erbengemeinschaft James Krüss/vertreten durch Ulrike Schuldes (Letztes Zitat S. 81)

Krüss, James: Naivität und Kunstverstand. Gedanken zur Kinderliteratur, Beltz Verlag, 1992 © Erbengemeinschaft James Krüss/vertreten durch Ulrike Schuldes (Alle weiteren Zitate in diesem Kapitel)

Krüss, James: Timm Thaler oder Das verkaufte Lachen, Verlag Friedrich Oetinger, 2006 (Zitat Kapitelüberschrift S. 77)

ROALD DAHL

Dahl, Roald: Boy – Schönes und Schreckliches aus meiner Kinderzeit, Rowohlt Verlag GmbH, Reinbek, 2004 (Zitate S. 83, mit Ausnahme der Kapitelüberschrift, und Zitate S. 86)

Dahl, Roald: Idea Books (unveröffentlicht, with thanks to the Roald Dahl Museum and Story Center), Übersetzung von Ebi Naumann (Zitat Kapitelüberschrift S. 83)

Dahl, Roald: Sophiechen und der Riese, Rowohlt Verlag GmbH, Reinbek, 1984 (Zitat S. 86)

The Guardian: Roald Dahl's family apologises for his antisemitism, Artikel von Harriet Sherwood, Ausgabe vom 06.12.2020 © Guardian News & Media Ltd 2021, Übersetzung von Ebi Naumann (Zitat S. 88)

PAUL MAAR

Der Tagesspiegel, Interview von Andrea Herdegen mit Paul Maar: Ich bin für Kinder der ferne Freund, Ausgabe vom 13.12.2017 (Zitat Kapitelüberschrift S. 91)

Maar, Paul: Wie alles kam. Roman meiner Kindheit, S. Fischer Verlag, 2020 (Zitate S. 92, 94 und 96/97)

MICHAEL ENDE

Dankert, Birgit: Michael Ende. Gefangen in Phantásien, Lambert Schneider Verlag/wbg (Wissenschaftliche Buchgesellschaft), 2016 (Erstes Zitat S. 109)

Ende, Michael: Die Unendliche Geschichte © 1979, 2020 Thienemann in der Thienemann-Esslinger Verlag GmbH, Stuttgart (Zitat Kapitelüberschrift S. 105)

Ende, Michael: Jim Knopf und Lukas der Lokomotivführer © 1983, 2018 Thienemann in der Thienemann-Esslinger Verlag GmbH, Stuttgart (Zweites Zitat S. 109)

OTFRIED PREUSSLER

Preußler, Otfried: Die kleine Hexe © 1957, 2020 Thienemann in der Thienemann-Esslinger Verlag GmbH, Stuttgart (Zitat S. 118)

Preußler, Otfried: Ich bin ein Geschichtenerzähler, Thienemann, 2010 (Zitat Kapitelüberschrift S. 113 und Zitat S. 117)

KIRSTEN BOIE

Boie, Kirsten: Kirsten Boie. Die Jubiläumsedition. Ihre schönsten Geschichten für Kinder, Zeit-Leo-Buchausgabe (Begleitbuch), Zeitverlag, 2020 (Zitat Kapitelüberschrift S. 121)

J. R. R. TOLKIEN

Carpenter, Humphrey: J. R. R. Tolkien. Eine Biographie, Klett-Cotta, 1979 (Zitate S. 129 und 131)

Tolkien, J. R. R.: Der Herr der Ringe (Bd. 3), Klett-Cotta, 2012 (Zitat Kapitelüberschrift S. 129)

Tolkien, J. R. R.: Der kleine Hobbit, dtv Verlagsgesellschaft, 2012 (Zitat S. 133)

FRIDA NILSSON

Die ZEIT und Radio Bremen, Laudatio auf die PreisträgerInnen: Anja Robert und Benno Hennig von Lange / Vorstellung der Gewinnerbücher / Gespräch mit Frida Nilsson und Andreas Steinhöfel, Moderation: Katrin Hörnlein; https://verlag.zeit.de/veranstaltungen/ausblick/zeit-veranstaltungen/luchs-preisverleihung-2021/, 26. Mai 2021, 18:00 Livestream (Zitat S. 139)

Nilsson, Frida: Hedvig! Das Erste Schuljahr. Aus dem Schwedischen von Friederike Buchinger © 2012 Gerstenberg Verlag, Hildesheim (Zitat Kapitelüberschrift S. 135)

ERIC CARLE

Carle, Eric: Mein Weg zum Kinderbuch, Gerstenberg Verlag, 2019 (Alle Zitate in diesem Kapitel)

ILLUSTRATIONEN

Das Porträt von James Krüss basiert auf einem Foto von Konrad Piepenbusch.

Wir bedanken uns beim Verlag Friedrich Oetinger für die Abdruckgenehmigung von drei Illustrationen von Katrin Engelking aus den Büchern *Wir Kinder aus Bullerbü* (S. 24/25), *Lippel, träumst du schon wieder!* (S. 94) und *Ferien im Möwenweg* (S. 126/127).

Der Verlag hat sich bemüht, rechtzeitig vor Drucklegung alle Rechteinhaber zu ermitteln. In den Fällen, in denen dies nicht gelungen ist, bitten wir die Rechteinhaber, sich mit dem Verlag in Verbindung zu setzen.

Bücherliste

Hier findet ihr alle Bücher unserer Autorinnen und Autoren, die in *Das Geheimnis hinter den Geschichten* erwähnt werden:

ERICH KÄSTNER

Als ich ein kleiner Junge war, Atrium, 2011
Fabian. Die Geschichte eines Moralisten, Atrium, 2017
Das doppelte Lottchen, Atrium, 2018
Das fliegende Klassenzimmer, Atrium, 2018
Emil und die Detektive, Atrium, 2018
Der kleine Mann, Atrium, 2018
Der kleine Mann und die kleine Miss, Atrium, 2018
Die Konferenz der Tiere, Atrium, 2018
Pünktchen und Anton, Atrium, 2018

ASTRID LINDGREN

Madita (Gesamtausgabe), Oetinger, 1992
Kalle Blomquist, Oetinger, 1996
Rasmus und der Landstreicher, Oetinger, 2008
Die Kinder aus Bullerbü (Gesamtausgabe), Oetinger, 2018
Pippi Langstrumpf (Gesamtausgabe), Oetinger, 2020
Märchen, Oetinger, 2021
Immer dieser Michel (Gesamtausgabe), Oetinger, 2021

A. A. MILNE

Pu der Bär, Dressler, 2009
Ich und Du, der Bär heißt Pu, Atrium, 2017

MAURICE SENDAK

Higgelti Piggelti Pop! oder Es muss im Leben mehr als alles geben, Diogenes, 2009
Wo die wilden Kerle wohnen, Diogenes, 2013
Löcher gibt's, um sie zu graben. Ein erstes Buch über was es gibt und warum, Aladin, 2016

TOVE JANSSON

Geschichten aus dem Mumintal, Arena, 2016
Mumins lange Reise, Arena, 2017

ANTOINE DE SAINT-EXUPÉRY

Der kleine Prinz, Karl Rauch, 2020

JUDITH KERR

Als Hitler das rosa Kaninchen stahl. Eine jüdische Familie auf der Flucht (Sammelband), Ravensburger, 2013
Ein Tiger kommt zum Tee, Knesebeck, 2014

MARK TWAIN

Die Abenteuer von Tom Sawyer und Huckleberry Finn, Diogenes, 2010
Prinz und Bettelknabe, Anaconda, 2016

CHRISTINE NÖSTLINGER

Maikäfer, flieg! Mein Vater, das Kriegsende, Cohn und ich, Beltz & Gelberg, 2001
Die feuerrote Friederike, Sauerländer, 2013
Konrad oder Das Kind aus der Konservenbüchse, Oetinger, 2016
Wir pfeifen auf den Gurkenkönig, Rowohlt, 2017

JAMES KRÜSS

Timm Thaler oder Das verkaufte Lachen, Oetinger, 2006
Mein Urgroßvater und ich, Oetinger, 2009

Mein Urgroßvater, die Helden und ich, Oetinger, 2009
Der Leuchtturm auf den Hummerklippen, Carlsen, 2016
Der Zauberer Korinthe, zu finden in: Im Affenzahn mit der Bimmelbahn. Das große James-Krüss-Vorlesebuch, Oetinger, 2016
Die Glücklichen Inseln hinter dem Winde, Bassermann, 2019

ROALD DAHL

Charlie und die Schokoladenfabrik, Rowohlt, 2003
Boy – Schönes und Schreckliches aus meiner Kinderzeit, Rowohlt, 2004
Matilda, Rowohlt, 2017
Sophiechen und der Riese, Rowohlt, 2017

PAUL MAAR

Eine Woche voller Samstage, Oetinger, 1973
Am Samstag kam das Sams zurück, Oetinger, 1980
Lippels Traum, Oetinger, 1984
Der tätowierte Hund, Oetinger, 2007
Wie alles kam. Roman meiner Kindheit, S. Fischer, 2020

ANDREAS STEINHÖFEL

Dirk und ich. Die lustigsten Geschwistergeschichten aller Zeiten!, Carlsen, 2016
Rico, Oskar und die Tieferschatten, Carlsen, 2016
Anders, Carlsen, 2017

MICHAEL ENDE

Jim Knopf und Lukas der Lokomotivführer (Band 1–3 im Schuber), Thienemann, 2008
Die unendliche Geschichte, Thienemann, 2019
Momo, Thienemann, 2021

OTFRIED PREUSSLER

Der kleine Wassermann, Thienemann, 1956
Das kleine Gespenst, Thienemann, 1966
Krabat, Thienemann Verlag, 2005
Die kleine Hexe (Jubiläumsausgabe), Thienemann, 2017
Der Räuber Hotzenplotz, Thienemann, 2020

KIRSTEN BOIE

Monis Jahr, Oetinger, 2003
Ringel, Rangel, Rosen, Oetinger, 2010
Paule ist ein Glücksgriff, Oetinger, 2010
Es gibt Dinge, die kann man nicht erzählen, Oetinger, 2013
Thabo. Detektiv & Gentleman. Der Nashorn-Fall, Oetinger, 2016
Ein Sommer in Sommerby, Oetinger, 2018
Wir alle zusammen im Möwenweg (Sammelband), Oetinger, 2020

J. R. R. TOLKIEN

Briefe vom Weihnachtsmann, Klett-Cotta, 2006
Das große Hobbit-Buch. Der komplette Text mit Kommentaren und Bildern, Klett-Cotta, 2012
Der Herr der Ringe, Klett-Cotta, 2019
Der kleine Hobbit, dtv, 2012

FRIDA NILSSON

Ich, Gorilla und der Affenstern, Beltz & Gelberg, 2012
Siri und die Eismeerpiraten, Gerstenberg, 2017
Hedvig! Das erste Schuljahr – Im Pferdefieber (Sammelband), Gerstenberg, 2018
Hedvig! Der Sommer mit Specki, Gerstenberg, 2018
Sasja und das Reich jenseits des Meeres, Gerstenberg, 2019

FINN-OLE HEINRICH

Maulina Schmitt. Mein kaputtes Königreich, Hanser, 2013
Frerk, du Zwerg, Hanser, 2014
Die Reise zum Mittelpunkt des Waldes, mairisch, 2018

ERIC CARLE

Das kleine Chamäleon Kunterbunt, Gerstenberg, 2007
Der kleine Käfer Immerfrech, Gerstenberg, 2011
Die kleine Maus sucht einen Freund, Gerstenberg, 2011
1, 2, 3 ein Zug zum Zoo, Gerstenberg, 2015
Die kleine Raupe Nimmersatt, Gerstenberg, 2019

Der Autor

Ebi Naumann, 1949 geboren, lernte Französisch bei dem Pantomimen Marcel Marceau in Paris, machte Straßentheater in Berlin und arbeitete als Lektor und Herausgeber in verschiedenen Verlagen, bevor er sich als Produzent im TV-Geschäft einen Namen machte. Nun ist er schon seit vielen Jahren als Übersetzer und Autor tätig.

Die Illustratorin

Katrin Engelking wurde 1970 geboren, studierte an der Fachhochschule für Gestaltung in Hamburg (heute HAW) und arbeitet seit 1994 als freie Illustratorin. Sie hat bereits zahlreiche Bilder- und Kinderbücher illustriert und eigene Texte veröffentlicht. Seit einigen Jahren gibt sie den Figuren Astrid Lindgrens ein neues Gesicht.